円消滅！

THE DEATH OF YEN

第二の金融敗戦で日本は生き残れない

国際金融アナリスト
大井幸子

ビジネス社

まえがき

「円が消滅するかもしれない」、この危機感に突き動かされて、本書を緊急出版することになった。

日頃私が接する経営者のなかには、「日本国債が紙くずになる、戦後のデノミがやってくる」と懸念する人もいるが、その誰もが円消滅、円という通貨を発行する日本銀行（日銀）や日本政府の存在すら脅かされるであろう非常事態までは想定していない。

国際金融の現場に長年身を置いてきた私は、リーマンショック後、「国家金融資本主義」がニューノーマルとなり、国際金融と安全保障とのさらなる一体化が進む実相を伝えてきた一人である。

なぜ、こうした動きが顕著なのか。それは、戦後の世界秩序である「戦後レジーム」が終了し、大きな地殻変動、パラダイムシフトが世界で起こっているからにほかならない。当然、日本もその動きのなかに取り込まれている。

日本は一九四一年に太平洋戦争に突入し、四五年に無条件降伏、そして、マッカーサー率いる米軍に占領された。五〇年から始まった朝鮮動乱では幸運にも「朝鮮特需」の利益を得て、日本は高度成長へと歩み始めた。以後、米国の核の傘の下で、日本は米ソ冷戦下、世界の戦火に巻き込まれることなく、平和と繁栄を謳歌してきた。振り返れば、日本の戦後の歩み自体がまさに奇跡そのものだったのだ。

いま、日本の平和と繁栄を築いた世界の戦後レジーム（体制）が大きく変わろうとしている。私は、昨年『この国を縛り続ける金融・戦争・契約』（片桐勇治氏との共著）のなかで、二〇一三年四月二八日に「戦後レジーム」が終了し、日本が従属から解放され独立したと記した。

「歴史は繰り返す」と言われるが、まったく同じようには繰り返さないものである。目下、日本は北朝鮮の核の脅威に晒されている。北朝鮮の狙いは米国だが、米国に向けて発射される核ミサイルは秋田や青森県あたりを通過する。仮に青森の三沢基地に着弾した場合、北朝鮮は「誤って発射した」と言い訳するかもしれない。しかし、日本は被爆し、米国と北朝鮮との戦闘の犠牲になる。

かつての朝鮮動乱では、多くの米国人と朝鮮半島の人々が犠牲になった。日本はいわば「漁夫の利」を得たわけだが、今度はそうはいかない。日本が犠牲になる可能性は否定できない。日本の現在の安全保障の状況を考えれば、敗戦の焼け野原の状態まで引き戻される危機を覚悟すべきなのである。

一九八九年に「ベルリンの壁」が崩壊し、米ソ冷戦に終止符が打たれた。二〇〇二年、ブッシュ政権下、米国は北朝鮮、イラン、イラク、リビア、キューバを「ならず者国家」と名指しした。北朝鮮はＩＳと並び、米国にとってテロ国家となった。そしていま、「戦後レジーム」の終焉とは、朝鮮半島情勢の流動化を意味する。つまり、朝鮮動乱の休戦が解かれ、戦争が始まることを意味する。

この状況は国際金融の枠組みにどのような影響を及ぼすのだろうか。

「金融・戦争・契約」というキーワードから読み解けば、戦争の開始と終了時には国際金融の枠組みに大きな変動が起こる。たとえば、一九七一年のニクソンショックで、ドルと金との固定交換比率を支えていたブレトンウッズ体制が終わった。そのウラには、長引くベトナム戦争で莫大な戦費を負った米国が通貨ドルの価値を仕切り直す事情があった。このとほど左様に、安全保障と通貨体制は一体化している。

一九七一年の時点で、米国の経済・軍事力は圧倒的で、ドルという唯一の基軸通貨としての地位は揺るぎないものであった。その後もドルは国際金融市場において覇権通貨であり続け、米国の覇権の象徴でもあった。

また、敗戦後の日本の経済成長を支えた構造とドル円相場は不可分の関係にあった。円高や円安はあくまでもドルを基準とした評価であり、言うまでもなく、われわれ日本人は自国通貨、円の運命を自分たちでは決められなかった。

二〇一三年「戦後レジームの終焉」でせっかく得た日本の自主独立が、経済・金融と安全保障においてまったく無策のままでいれば、日本はすぐに「第二の敗戦」を迎えることになるかもしれない。

北朝鮮の脅威とともに、日本の金融市場が焼け野原になる、つまり、円が価値を失うという非常事態を迎えるという意味である。そのきっかけは、オバマ政権で始まった米国の大戦略の変化、すなわち「オフショア・バランシング」において、日本が犠牲になる可能性が高いという事実である。

本書では、まずは国際金融市場の情勢から円高局面が終わった二〇一二年後半以降、なぜ安倍内閣が成立していったのかを見て行く。そもそも安倍内閣もまた、一時的に好都合となった外的環境に乗じた政権であり、よってその行方もまた、外的環境要因に左右される運命にある。

長年、日本の官僚・政治家を務めてきたある人物が、安倍内閣の現状について、「細川日記」で書かれた様相と非常に似ているのだと評している。

「細川日記」とは、第二次近衛内閣で首相秘書官を務めた細川護貞氏が一九四三年から四四年までの間、宮中グループ、各方面の有識者から情報を集め、海軍グループと協力して終戦工作の一翼を担う等々、さまざまな活動を日記としてまとめたものだ。当時、禁じ手とされていた米国との戦争に突入していく様子が克明に描かれている。

その状況がいまの内閣・官僚組織とそっくりだというのである。そうであれば、われわれ日本国民は再び、敗戦という犠牲を強いられるのだろうか。生命や財産までをも危機に晒さなければならない状況を防ぐことはできないのだろうか。

かつての「敗戦」では、米国が日本を助けてくれた。しかし、次の「敗戦」では、日本を助けてくれる国はない。苦難を乗り越えて自主独立を勝ち取り、自らの手で平和と繁栄を築くためにはどのようなことを考えなければならないか。本書がその一助となることを願うのみである。

二〇一六年一〇月

筆者

第1章　通貨を救うのは遅すぎるが、富はまだ救える

第2章　止めるに止められないアベノミクスの行方

第3章　預金封鎖と新円切り替え

第4章 すでにドルの覇権は終わった

第５章　金融戦争勃発！～通貨の覇者

第6章　二〇二三年に起きたパラダイムシフト

第7章　日本人はいかにして富を守ることができるのか

終章　日本再生への道

森林里山再生こそが国土防衛―林徳彦氏との対談

第１章

通貨を救うのは遅すぎるが、富はまだ救える

ミレニアル世代の台頭

私は、毎年終戦記念日には私淑した小室直樹氏の著作を必ず読み直すことにしている。今年は『日本国民に告ぐ――誇りなき国家は、必ず滅亡する』を手に取った。

小室氏は、戦訓に学ばなかった日本軍に伝統主義がはびこり、戦争に負けたと記している。「予想もしなかったことが次から次へ起こるのが戦争である」というクラウゼビッツの言葉を引用し、「新事実から学ぶ、試行錯誤こそが戦訓の本領である、あたかも経済における市場法則のごとくにである」と述べている。

マーケットでも予想もしなかったことが次から次へと起こる。だからこそ、リスクをとって「現実、現場、現物」から学び、失敗が戦訓として経営者の血肉になる。資本主義の本質であるイノベーションやベンチャーは戦訓の本領である。伝統主義と官僚主義がはびこり、スターリニズム的国家独占資本主義が確立すればイノベーションの精神は死に、成長はできず、国民経済は沈んでしまう。

小室直樹氏の論理を組み立てれば、いまの日本で何が誤っているのか、どうすべきなのか、その道筋は見えてくる。

そんな小室氏の論理を手掛かりに、経済の新たなる潮流について考察してみたい。

英国のEU離脱の原動力となったのが現在一八歳から三五歳くらいまでのミレニアル世代だと言われている。米国でヒラリー・クリントンと最後まで大統領候補を争ったサンダース（議員）を強く支持したのもこの世代である。

今回の大統領候補選における、二一世紀のこれからの米国社会を担うミレニアル世代の動向は新鮮であった。

この若い世代は民主党の候補予備選挙の投票で、男女共に八割が反クリントン票を投じたのだ。

理由はクリントンがかつて上院議員としてイラク戦争容認に票を投じたことであった。対するサンダースは、これには反対票を投じ、また、全公立大学の無料化と国民皆保険運営を主張して、若い世代の支持を取り付けた。

この状況をビル・クリントン大統領時代に労働長官を務めたロバート・ライシュは、「若者の動きは格差拡大に起因している」と分析している。リーマン・ショック後、貧富の格差は拡大して、実質賃金も減少し、平均的世帯の収入はインフレ調整後で一六年前と比べて低くなっている。これが米国の庶民の現実である。

その一方で、金融危機を引き起こした投資銀行などの大手金融機関は政府の手厚い救済措置をうけ、最高経営責任者（CEO）の年収は増え続けている。権力は富める者に集中し、二〇〇〇億円もの資金を必要とする大統領選挙において、わずか四〇〇人のスーパーリッチな人々が選挙資金の三分の一を牛耳っているという。政治もメディアも浮世離れしているのだ。

今回は共和党に対しても有利な風は吹かなかった。共和党候補者として次期大統領の期待の高かったジェブ・ブッシュが、早々と選挙戦からリタイアした。その要因は何か？一般市民にとってブッシュといっても「自分とは何のつながりも感じられない」遠い存在だったからであった。また、ヒラリー・クリントンに対しても「どこか信用できない人」というイメージが強い。

世の不正義に怒る若い世代は、卒業と同時に就職難と奨学金の返済に四苦八苦しながらも、独立志向が強く、小さな政府を好む傾向がある。彼らが望む社会変革がどのように起こるのか。いずれにしても、彼らがこれからの米国の趨勢《すうせい》のカギを握っていることだけは間違いない。

消費行動の背骨となっているシェアの概念

ミレニアル世代はネットリテラシーが高く、働き盛りの若い世代である。彼らとその子供たちがこれからの二一世紀の担い手である。にもかかわらず、彼らの将来への希望は既存の体制に裏切られつつある。

彼らは、既得権益を死守する既成権力が自分たちの将来を犠牲にし、不当な利益を享受していると感じている。彼らが反エスタブリッシュメントに傾くのも先進国に共通したトレンドである。

日本でも成長戦略や構造改革、財政健全化が叫ばれて久しいが、根本的には何も解決されないまま、産業構造は変化し、かつての大企業は衰退し、小が大を呑《の》み込む時代になっている。

それでも規制緩和は進まず、財政赤字は増加の一途を辿る。日本では労働人口が毎年一%ずつ減少していくなか、規制を緩和し、技術革新を進め、労働生産性を上げなければ、労働力をフルに使った自然成長率さえ維持することはできない。

さらに借金を減らし、教育、インフラ整備など公共の福祉に準ずるより良い需要管理政策が望まれる。さもないと、社会変革と成長が手に手をとって前進することはできない。

物心ついたときから身近にインターネットが存在していたミレニアル世代は、それまでの世代とは明らかに感性のベクトルが異なっている。

Facebook などの SNS の普及により、「シェアリング」がミレニアル世代の感性やライフスタイルにフィットしている。モノを所有することをヨシとせず、共有こそが彼らの感性に合っているのだ。無駄を生む所有型経済はもうダサくて時代遅れ、シェアリングエコノミーが彼らの消費行動の背骨となっている。

中国とて例外ではない。いや、ある意味では欧米や日本よりも先行しているかもしれない。

ミレニアル世代は中国においては八〇后（バーリンフォー）、九〇后（ジューリンフォー）に相当する。一人っ子政策が敷かれるなかで生まれ育ってきた彼らは二億人もいる。

中国清華大学や北京航空航天大学などで教鞭をとっていた前参議院議員の山田太郎氏はこう語っていた。

「都市で生活する彼らの特徴は、個性や個人の権利を大切にし、インターネットや携帯電話を使いこなす世代である。朝起きてから、夜寝るまでインターネットを片時も手放すことはないなどという人が大勢いる。テレビからではなくインターネットから情報を得ているので、海外の文化についてもよく知っている。

学校に行くと「百度（Baidu）」を使って情報を検索する。中国ではＧｏｏｇｌｅが使えない。ランチ前には「淘宝（Taobao）」で通販情報をチェックする。ここは中国最大のオンライン通販サイトで、日本だと楽天のような存在である。

午後になれば、授業の合間を見つけて「我愛打折（55BBS）」をチェックして大学の近くの店のクーポンを探す。そして、授業に飽きるとずっと「QQ」で友人とチャットをしているのだ。そして、今日のテレビを「YOUKU」でチェックして帰り支度をする。

就職活動のために資格を取得しようと、オンラインで資格講座を取っている学生もいる。ある調査によると、中国でのインターネット利用時間は、一日当たり三・二時間だという。とにかく、インターネットはつなぎっ放しの状態なのだ」

これがいまから五年前の話だから、以降、格段に進化したであろう中国の新人類たちは、一党独裁体制を続けることをレーゾンデートルとする共産党にとって脅威以外の何物でもないであろう。彼らは間違いなく海外の仲間たちと感性をシンクロさせ、ひと昔前の世代に抵抗してくるからだ。

相性の良いプラットフォーム・エコノミーとミレニアル世代

米国でもっとも輝かしい企業群といえば、アップル社に代表されるIT企業である。ITセクターはS&P500指数の時価総額の五分の一を占め、目下ITバブル復活といわれるほど活況を呈している。

そうしたITセクターの後継者になると確実視されているのが、ビジネスのプラットフォーム化に成功した企業たち、すなわち「プラットフォーム・エコノミー」企業である。

ところで、プラットフォームとは何か？　いろいろな経営者に尋ねたり、文献をあたってみたけれど、これぞといった説明に出会うことができなかった。だが、経営コンサルタントの神田昌典氏が見事な「解」を与えてくれた。

「すでに資産を持っている人と、その資産を使いたい人をつなげる場をつくるマッチメーカーのような存在だ。そしてプラットフォーム型企業の代表例とは、具体的に言うと、アメリカのエアビーアンドビー、ウーバー・テクノロジーズ、ネスト・ラボのような企業になる」

これらのプラットフォームのビジネスモデルを確立した企業は、ネットワークを用いることでより大きな利益を得る〝勝者〟となっている。

一九九〇年台後半のドットコムバブルではIT革命に牽引《けんいん》される「ニューエコノミー」が現れたが、今回は需要サイドに大きな影響を及ぼすプラットフォーム・エコノミーがさらなるパラダイムシフトを起こしつつある。その担い手がミレニアル世代（一八～三五歳）である。

プラットフォーム・エコノミーを可能にしたのが、ビッグデータ、アルゴリズム、クラウドコンピューティングであり、上記三社以外にグーグル、アマゾン、フェイスブック、セールスフォースなど主要ＩＴ企業がこぞって最新技術を駆使し、新たなサービスを提供している。そして、こうしたサービスの恩恵を最も受けているのがミレニアル世代と言われている。

この世代の特徴は、先にもふれたように、モノを持たない、カネのかかることはしない、なるべくシェアする傾向が強い。たしかに大学を卒業しても学生ローンの返済に追われ、安定した正規雇用の職にはなかなかつけない、持ち家や車も欲しいと思わない。加えて、オンラインで働く比率が高いこの世代は、所得が一定せず、生活のボラティリティが高く、持ち家による従来のような資産形成が起こりにくい。

こうした事情から、この世代が働き盛りになり家族を持っても、個人消費が急に増え、景気が過熱し、インフレ懸念が高まるという事態は需要サイドからは描きにくい。

逆に、イノベーションが牽引するプラットフォーム・エコノミーが進化するにつれて、再生可能エネルギーの使用でライフスタイルはよりエコになり、シェアリングで効率的になっていく。つまり、プラットフォーム・エコノミーとミレニアル世代は抜群に相性が良いのだ。

政府が有効需要を作り出すこともなく、サプライサイドがコントロールすることもない、より自律的な社会がやってくるような気がする。しかし、その前に、貧富の格差問題など多くの課題に取り組むべきだろう。

それにしても世界を俯瞰《ふかん》してみると、プラットフォーム企業と認められるのは米国の企業が圧倒的に多い。日本を見渡すと、数は少ないとはいえ、教育メカニズムを組み合わせた中小企業がプラットフォームとして活躍している例がみられる。

とにかく米国がこの分野で独走しているのは、独自の発想ができる自由度があるからにほかならない。したがって、中国は共産主義である限り絶対に米国には勝てない。どんなに優秀な頭脳を持っていても、オリジナリティが欠落するからである。

誰も見たことのない、これまでなかったものをポンと作り出す独創性や発明能力。これが人間の一番凄いところであり、それを生み出すためには自由な心を縛らない環境が不可欠なのである。

日本でベンチャーキャピタリストが育たない理由

世界が大きくパラダイムシフトに動くなか、日本もプラットフォーム・エコノミーの潮流に乗って持続的成長が可能になるだろうか。

元ムーディーズで日本の事業会社の信用格付けを担当してきた森田隆大氏は「中期経営計画から見る日本企業」（『企業年金』二〇一六年六月号）で、主要企業の中期計画を読み取りながら以下のように述べている。

まとめると、まず、日本のリーディング企業は国内に将来の成長・収益機会が確保できないと認識しており、経営者にとって新興市場とどう取り組むかが課題になっている。しかし、財務リスクを取って大型Ｍ＆Ａを仕掛け、攻めの経営を行う姿勢はいまの経営者には見られない。そのため、グローバル競争で優位に立てる規模に達している日本企業は少ない。次に、日本企業の利益率は世界のリーディング企業に比べて劣っている。日本の経営者はリスク回避型で経営資源を効率的に活用できていない。

また、今後、グローバル競争で勝ち抜くにはそれなりの人材確保が必要であり、そうした認識はあるものの、多くの企業が対応策も打ち出していないと森田氏は指摘している。これが日本の主要企業を取り巻く現状であろう。

なぜこうも行動が伴わないのか？

終戦の焼け野原から七〇年もたち、高度成長期を駆け抜けた創業者が経営から退き、サラリーマン社長が三代も続けば、創業の精神は消えてゆく。これが主な理由だと、あるオーナー経営者が語った。「オーナー家が命がけで心血・金を注いだ事業の価値を、雇われ社長が同じように理解できるか。年金も退職金も用意されて任期だけのサラリーマン社長は〝別世界〟の生き物」と付け加えた。

私は日刊工業新聞に毎週コラムを書いている。そのため、同紙を毎日読んで、ものづくりに真剣に取り組む日本の中堅中小企業の技術力の高さは素晴らしいと感じている。

ところが、大企業のような情報量のない中堅中小企業が技術力だけでグローバル競争に勝つことは難しい。第一、技術力をもってひな形を作ったとしても、そこから実用化・事業化し、大量生産し、拡販するまでの道のりはけっこう厳しい。新たなビジネスモデルも必要だろう。

願わくは、日本でも技術力をバックにプラットフォーム・エコノミーが形成され、ミレニアル世代が自由に起業し、グローバルに活躍できる時代が来てほしい。

しかし、そのためには、中堅中小企業や新事業をバックアップする資金が不可欠だし、変化の時局を制する政治力（経営力）も必要である。カネもリーダーシップも提供する強力なベンチャーキャピタルの支援が望ましいが、残念ながら、戦後日本のサラリーマン社会ではこの手のベンチャーキャピタリストは育っていない。

あるジャーナリストから日本の就労者のサラリーマン比率の変化を聞かされて驚いたこ

とがある。戦後直後の一九五〇年に三四%だったのがいまは九〇%に届こうとしているのだ。明らかに行き過ぎである。

ベンチャー企業を育てるベンチャーキャピタリストが育たないのが実相で、これでは日本発のプラットフォーム企業がなかなか現れないわけだ。

リスクがあふれる欧州金融市場の危うさ

この項は一〇月半ばに書いているのだが、本書が出版されるころには、以下に示した懸念がいくつか現実化しているかもしれない。

国際金融市場にはいくつもの不安材料が並ぶ。世界中のあちらこちらに埋められた地雷がいつどこから、どのようなきっかけで爆破され、次々と誘爆が起こり、金融市場全体が危機に見舞われるのか、ヒヤヒヤものである。

一連のリスクの大きな要因としては、一一月の米大統領選挙、一二月のFRBによる利上げ、そして地政学的には、シリア情勢や北朝鮮をめぐる米ロの対立がある。このところのアレッポ奪回に猛攻撃をかけるアサド大統領に対し、米ロの和平交渉は完全に決裂している。

欧州の金融市場では特にリスクの高まりが感じ取れる。まず、ドイツ銀行は住宅ローン担保証券の不正販売で米国法務省から和解金一四〇億ドルを支払うよう求められ、同行の株価は報道後に急落し、債券価格も下落した。

さらに同行のシニア債のデフォルト懸念が高まり、保証料が急上昇した。実際にデフォルトに陥る可能性が高いわけではないが、同行の抱える大量のデリバティブに関して潜在的な損失額に懸念が高まり、この不安がさらに同行の株価を押し下げるという負の連鎖が起こったのだ。

仮にドイツ銀行が倒れるとなると、信用不安の懸念が一気に高まり、欧州における金融機関のドミノ倒しが起こりかねないと指摘する金融関係者もいる。

また、カタール政府系ファンドが同行への投資で一〇億ユーロ相当の損失を出したと報じられた。通常、多くの投資ファンドではこのような急激な損失が起こると、それ以上の損失を防ごうと流動性の高いリスク資産を売る行動に出るものである。

こうしたリスク回避の動きは、二〇〇七年のサブプライム・ショックでも見られた。二〇〇七年六月に当時のベア・スターンズ証券が抱えるサブプライム仕組証券に信用リスクが高まり、同様の仕組証券を抱える多くの投資家が急激な損失を避けるために流動性の高い株式や優良資産を一斉に売り、相場が崩れ始めた。こうした投資家の一斉の売り浴びせが、翌年のリーマン・ショックの導火線となっていった。

欧州金融市場では、英国発リスクも要注意である。メイ新首相は来年三月までにEU離脱交渉を始めるとし、英国ポンドは下落し、対ドルで三一年来の安値となった。EU離脱に際し、英国内の銀行はEU加盟国へのアクセス権（欧州金融単一免許＝パスポート）を失う可能性があることに懸念を示している。

まだ日本では詳しく報じられていないが、バブルが取り沙汰《ざた》されていたロンドンの不動産が英国のEU離脱を受けて暴落中である。不動産リートを販売していたファンドが解約に応じられないほどであるという。Brexitの影響が現れてくるのはこれからだ。

もう一点、イタリア国債市場に関しても懸念がある。イタリア財務省は一〇月四日に五〇億ユーロの五〇年債を発行した。伊国内の金融セクターの健全性に不安が残るなか、高利回りを求める投資家の買いが入り、需要は底堅いと報じられた。

だが、私はこれについては、ソブリン債を始めとする信用市場がすでにバブルのピークに近づいていることを示す事由と受け止めている。

長い凪の後には嵐がやってくる

以上述べたような金融市場の動向を、通貨市場とボラティリティの観点から見るとさらに興味深い様相が見えてくる。

私が一目置くサイモン・デリック氏（BNYメロン銀行の通貨ストラテジスト）は、二〇〇七年からの通貨市場の動きを以下のように分析している。

まず、二〇〇七年六月二二日にベア・スターンズ証券のファンド破綻への救済が始まった。これを起点に急激なショートポジションの巻き返しが始まり、以後五ヵ月続いた。それまで低かったEUR／USDのボラティリティが急上昇した。

二〇〇七年一二月から円キャリートレード（信用力が高く借入コストの低い円で調達し高利回り通貨や債券に投資する）の巻き返しが起こった。その後四年間にわたり円高となった。

二〇〇八年九月一五日のリーマン・ショック後、各国中央銀行の金融緩和策（QE）が相次ぎ、二〇一一年から一四年までEUR／USDのボラティリティも沈静化した。円高も沈静化し、二〇一二年一二月の第二次安倍内閣誕生とアベノミクスの登場と同期して円安に転じている。さらに、その後のゼロ金利／マイナス金利の導入により、EUR／USDのボラティリティも凪《なぎ》のように静かである。

「長い凪の後には嵐がやってくる」とデリック氏は指摘する。

嵐の予感は一二月のFRB利上げに感じ取れるものの、すでに日本国債や伊国債などソブリン債はオーバーシュートしており、中央銀行相場の終焉を物語っている。これは、円高株安を意味し、円安株高に支えられたアベノミクスの〝終焉〟でもある。

そもそもアベノミクスは円安という外的環境に乗じた政策だった。今、その前提となった環境が変わり、アベノミクスは行き場を失うだろう。

マジックナンバー72の法則

このように、いま世の中は大きく変わろうしている。パラダイムシフトの最中にある。そんな大転換期だからこそ、われわれが自身の資産保全を行うために学ばなければならないのが、米国ＦＲＢの株主たちの資産保全に対する考え方であり、その行動についてである。ちなみに米国ＦＲＢの株主たちの顔ぶれは後述してある。

これは国家レベルも、企業レベルも、個人レベルもなく同じで、彼らのシンジケートとともに行動すればいい。

ＦＲＢシンジケートの資産保全の基本とは、ひと言でいえば「複利効果」である。資本主義では利子が利子を生む、黙っていてもお金がお金を生んでくれる、これが大原則である。

「マジックナンバー72の法則」をご存知であろうか？

七・二％の金利を一〇年で回していくと二倍になる。一〇年で二倍と聞いて、「なんだ、俺が稼いだほうが早いではないか」と返してくるのが実業をされている人である。

だが、これは自分の実力で稼ぐわけではなく、お金が減らなければ利子を稼いでくれるのだ。複利で資産を増殖させるために必要なのは、とにかく損失を出さないことだ。そして損をしないためにリスクを減らすことである。リスクとはこの場合、「ボラティリティ」、変動幅のことである。

相場は上がったり下がったりするものである。上がるときはよいのだが、問題は下げ相場のときにいかに損失を最小化するかだ。

リスクをヘッジするためには、具体的には伝統的投資以外の資産、すなわちオルタナティブ投資を活用すべきである。伝統的資産とは公募の国内株、海外株式、債券、投信など、誰でも買える金融商品のことだ。

それに〝代替〟するという意味でのオルタナティブ投資とは、私がニューヨークでずっとかかわってきたヘッジファンド、プライベートエクイティに加え、ベンチャーキャピタル、不動産、実物資産などさまざまな資産を含む。

このようなオルタナティブ資産は、伝統的資産との相関性が低い。そのため、下げ相場のときでも、オルタナティブ資産は伝統的資産と一緒に下げに転じることなく、一定のリターンを創出してくれる。このように、伝統的投資と代替投資を組み合わせることでリスクを〝相殺〟できる。ここがオルタナティブ資産を組み入れてポートフォリオを構築するポイントなのだ。

リスク制御となる、相場動向と相関性が低い投資運用

運用の世界で、「どの運用効率が良いか悪いか」が一目でわかる数字が「シャープレシオ」である。多くの人はリターンに注目するものだ。たとえば年率二〇％といえば大きな収益である。

ところが、どの程度のリスクを取ってそのリターンを得ているのかが問題だ。ハイリスク・ハイリターンは当たり前だが、もしローリスクで二〇％ものリターンを得ていれば、「すごいマネジャー」という評価となる。

そして、さらにその実績が長く続けば「優れたマネジャー」と評価が固まる。その決め手となるのが「リスク調整後のリターン」を表すシャープレシオという数値なのだ。トラックレコード（過去の運用実績）が長く、かつ、シャープレシオの数値が高い運用であれば、累積的な資産残高が積み上がっていく。これぞ時間を味方につけた理想的な資産保全なのである。

長年にわたり複利効果の恩恵を得るには、損失を出さない、ブレを小さくする、すなわち「リスク制御」が必要となる。先に記したとおり、それには相場動向と相関性が低い投資運用が欠かせない。

相場は、マーケットサイクルと言われるように、バブルの生成と破綻を繰り返し、必ず下げの局面が発生する。下がっても同じように下がらないものをポートフォリオのなかに組み入れておかないと、全体が下げて、損失が広がってしまう。相関性の低い投資手段としてのオルタナティブ、ヘッジファンドやプライベートエクイティが有効なのである。

バイサイドならではのシンジケート

オルタナティブ投資では「アルファ」という絶対値収益を求めることができる。運用収益にはアルファとベータとがある。

ベータは相場に連動した相対的な収益であり、アルファは絶対値で、運用者・マネジャーが相場動向とは無関係に創出する収益のことだ。アルファをコツコツ積み上げていけば、複利効果によって資産は殖える。年率七～八％を一〇年積み上げれば、資産は二倍、三〇年で一〇倍と指数関数的に増加していく。

米国のエスタブリッシュメントはオルタナティブ資産を組み合わせたポートフォリオを

作り、運用している。これは著名な財団、ファミリー・オフィス、年金基金、大学基金等、永続性を必要とする組織で三〇年も四〇年も活用されてきた長期に資産を守る手法である。

「自分もそのような投資をして資産を守りたい」という場合、ヘッジファンドも含めて投資運用を行うある種のサークル、シンジケートにアクセスし、そこの情報を得て、良いファンド、良い運用者と一緒に運用する必要がある。

つまり、シンジケートのインナーサークルに入らなければならない。

私の知るインナーサークルの人たちは米国の華僑（ABC＝アメリカン・ボーン・チャイニーズ）やユダヤ系など、代々資産を守り続けなければならない共通の使命を持った人たちである。

彼らは大きな投資銀行やプライベート・バンクに行かなくても自分たちのシンジケートのなかで、どうすれば資産を守れるかという教えや情報を持っている。そのなかでしか得られない信用できる情報を共有し、良い投資先、良い運用者を組み合わせて自分たちの資産を守っているのだ。

彼らの情報は、金融商品を作って売る側、すなわちセルサイドの情報とは別の〝次元〟のものといえる。バイサイド、投資家側、商品を買って自分たちで守っていく側の情報である。そういう人たちの目で案件を洗い、マネジャーを選別し、一緒に良い投資機会を見つけて、長期にわたって実績を上げていくというやり方をしている。

この辺りの詳しい実態については、拙著『ウォール街のマネー・エリートたち：ヘッジファンドを動かす人びと』（日本経済新聞出版社、二〇〇四年）をお読みいただきたい。

良いポートフォリオを構築するために必要なこと

私の金融専門家としての仕事は、顧客の資産規模に応じたポートフォリオを考案し、運用のメンテナンスをする「アセットアロケーター」の役割である。

たとえば、ヘッジファンドやオルタナティブ資産を組み入れたポートフォリオをオーダーメイドしようとすれば三〇〇〇万ドルの資産規模が適正といえる。また、優良ヘッジファンドの最低投資額が一〇〇万ドル以上なのは、一つのファンドに五％までの投資で二〇ファンドに分散するためにはそれだけの運用規模が必要だからである。

年金基金などの機関投資家向けのポートフォリオでは、年率一〇％近くを目標リターンとする。このモデレートな目標リターンに見合うマネジャーを選定し、リスクを最小化すべく最適なアロケーションを実現するわけである。

また、個人向けには一〇〇〇万円の資産規模でも株式や債券、ＲＥＩＴを組み合わせて、最適な資産配分を図ることができる。ただしこの資産規模ではヘッジファンドを組み入れることはできない。

しかし、市販のＥＴＦやインデックス、投信といった流動性が高く、売買コストの安い金融商品に分散し、ポートフォリオを作ることは可能だ。

良いポートフォリオを構築するためにはどうするのか。ヘッジファンドやオルタナティブ投資は一般に公募商品のような流動性はないので、それぞれのマネジャーが創出するアルファをじっくりと見極める作業となる。

一方、流動性の高い公募商品を組み入れるポートフォリオでは、それぞれの商品が相場動向の影響を受けるので、マーケットサイクルを見極めてアロケーションをかなり積極的に見直していかねばならない。

このようにポートフォリオの最適化という作業は、そのなかに組み入れる資産の流動性によっても異なってくる。マーケットサイクルは景気循環ではなく、バブルの生成と破綻のサイクルのことで、経験上、だいたい一〇年周期くらいで一循環する。

一九九八年のロシア危機、二〇〇八年のリーマン・ショックなどからも、だいたい五年に一回ほどマーケットの潮目が変わるときがある。このようなタイミングを見ながらアロケーションを調整し、相関性の低い資産や戦略を組み合わせることでリスクコントロールを実施する。

技術的には、ポートフォリオの最適化については「有効フロンティア」というツールを使う。複数の資産を組み合わせる場合、どの資産に何%ずつ配分するのが最適な組み合わせなのかについて、横軸をリスク、縦軸をリターンに曲線が描ける。この曲線が左上に伸びていれば、ローリスク・ハイリターンを創出する効率的なポートフォリオの組み合わせといえよう。

たとえば、一九九七年年初から二〇一四年年末まで日経平均株価に一〇〇%投資していた場合、この間の平均リターンはマイナス〇・五七%、累積リターンもマイナス九・八四%とまったく冴《さ》えない。

ところが、日経平均株価を二割、優良ヘッジファンドを八割組み入れると、ポートフォリオ全体で年率平均リターンが九・六八%、累積リターンは四二七%と見違えるほど良い実績となる。実際値で、丸一八年間に資産は五倍以上に増殖したのだ。いかに相場と相関性の低い投資運用が奏功するかが認識できよう。

資産保全の王道

私たちは、投資家が自分のために安定的なポートフォリオを作って運用できるように、

『じぶんちポートフォリオ』を提供している。これは「どの株がいい」、「不動産に投資していればいい」などといった個別銘柄や単一の資産に偏った情報ではなく、ポートフォリオを作って自分で管理することのサポート業務だ。

ここで肝要なのは、自身でポートフォリオ管理を長年続けることで、いろいろなマーケットのアップダウンを経験し、それを越えながら損失を少なくして積み上げていく、この作業をひたすら行うことである。これが資産保全というものだ。

年率八%で三〇年間運用すると資産は大体一〇倍にはなる。さらに、孫の代まで三世代、九〇年続けると一〇〇〇倍になる。この複利効果の価値を信じ、一〇年、二〇年と長期にわたって運用するのが資産運用の醍醐味《だいごみ》といえる。

自慢めいて恐縮だが、私たちはもう一つ投資家に提供できる強力な武器を持っている。それは高額商品になるが、すべてのヘッジファンドをポートフォリオのなかに組み入れて運用する「全天候型ヘッジファンド」である。

この最強のポートフォリオはシンジケートの人たちと一緒に作っているもので、普通のインデックスよりかなり良い形で累積していっている。なぜ累積していけるかというと、減らないからだ。減らさないからこそ、複利効果のメカニズムに乗って殖え続けているのだ。

このように、資産保全の王道とはつまるところ単純な原理原則に則ったものに収斂する。だが、そのシンプルなことをコツコツ実践するにはかなり強い自制心が必要である。この原則を長い間忠実に実践し、成功できるのはウォーレン・バフェット的な人なのかもしれない。

古くは石油王ロックフェラーや鉄鋼王カーネギーなど一代で巨万の富を築いた人たちの資産は、六代目、七代目あたりで当初の一〇〇〇倍以上になったといわれる。彼らは資本主義の根本的な原理と力をもって投資運用を行ったのである。

個人も企業も国も、日本が戦後蓄えた富をこれ以上減らさずに、どうやって守り、二一世紀のこれからにつないでいくかを真剣に考えるときがきている。

ドルや円の行方は米国次第だが、近々パラダイムシフトの時期は必ず訪れる。現状を鑑みると、すでに通貨を救うのには遅すぎるようである。だが、自分たちの富を保全する時間は若干はありそうだ。時代の頁がめくれる前に動き出せば、あなたの富はまだ救える。

第2章

止めるに止められない
アベノミクスの行方

安倍政権の命運を左右してきたヘッジファンド

真山仁氏の小説『ハゲタカ』のイメージがよほど強いのか、日本ではヘッジファンド＝ハゲタカファンドと捉えている人が多いようだ。

だが、本物のヘッジファンドの実相はそうしたイメージとは大きくかけ離れている。彼らは厳しいマーケットで生き残り、成功したトレーダーたちであり、少数精鋭、プロ中のプロの投資運用集団にほかならない。

ヘッジファンド・マネジャーは自身の資金をファンドに入れ、投資家とは「運命共同体」として運用を行う。つまり、運用会社に雇われたサラリーマン・マネジャーとは異なり、自己資金をリスクに晒《さら》しているわけである。

二〇一二年一二月に誕生した第二次安倍政権の支持率の経緯をたどってみると、見事に円安株高に〝連動〟している。円安株高になれば支持率は上昇し、逆に円高株安になれば下がる。それは結局、日本の株式市場における売買代金の約三分の二を占め、相場に大きな影響力を持っている外国人投資家の動向次第であった。

そしてあまり報道されないけれど、常に外国人投資家の先頭に立つのがヘッジファンド。ヘッジファンドは「株式市場連動内閣」と言われる安倍政権の命運を左右してきた。

外国人買越し額と日経平均

（2012年1月〜2016年9月、月次、百万円）

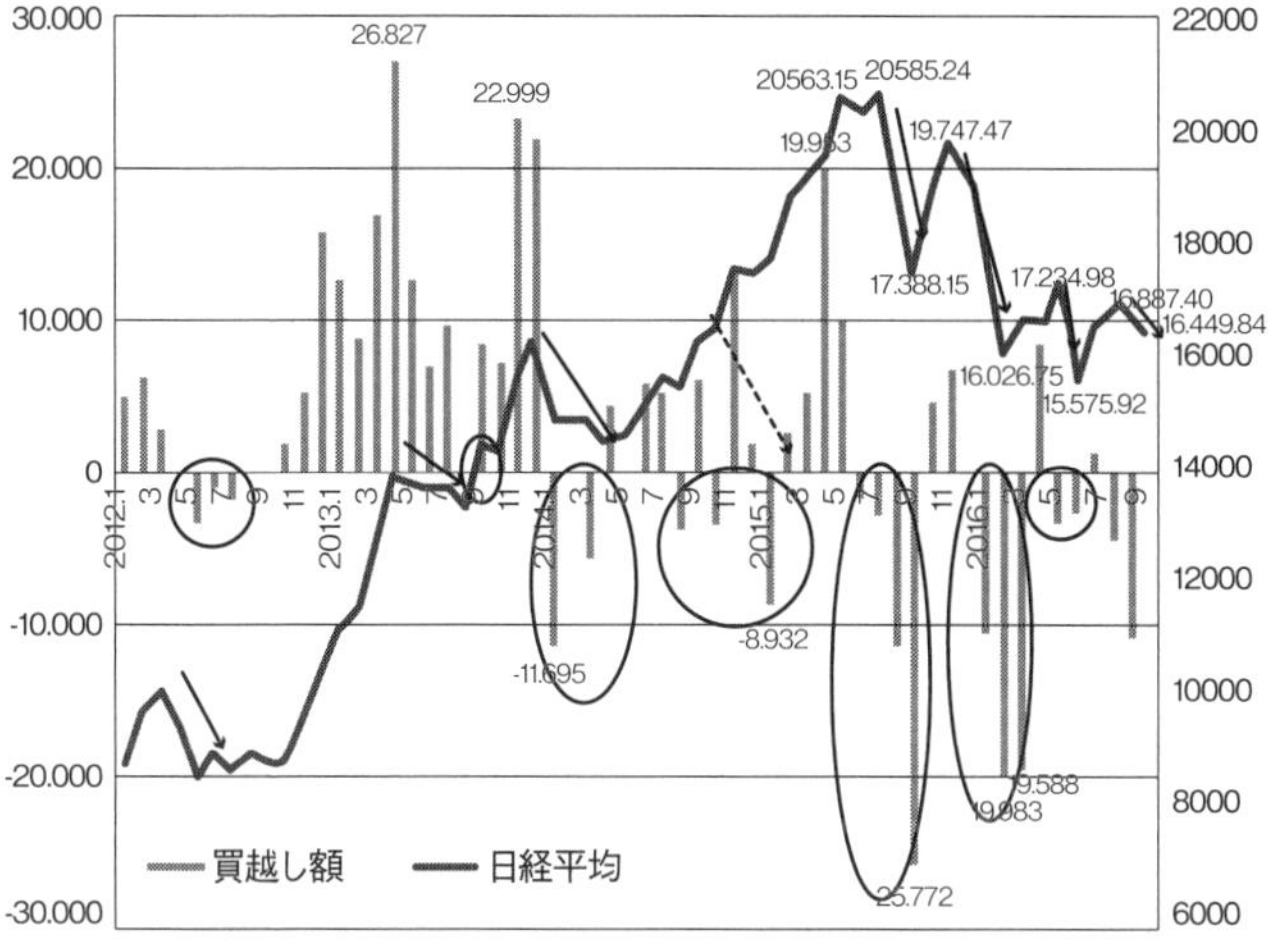

出典：マイルストンアセットマネジメント

海外ヘッジファンドの行動はシンプルで、リスク・オン、リスク・オフ(Risk-on, Risk-off=RORO）が基本だ。リスク・オンのときはリスクを取る、オフになるとリスクを取らない行動に出るのだ。電気スイッチのようにＯｎとＯｆｆを切り替えていく。

具体的には、量的緩和でリスク志向が強まると、安全資産からよりリスクの高い資産へと投資対象を切り替える。たとえば、国債からジャンク債へ、先進国の株式から新興国の株式へという具合に、ハイリスク・ハイリターン投資に資金を移す。グローバルマネーはこうした素早いＲＯＲＯ行動で、世界の市場を駆け回り、収益のチャンスを狙っているわけである。

三年前の二〇一三年は、アベノミクス効果で日本の株式市場は五〇％以上も上昇をみた。なかでも日本市場で一番おいしい思いをしたのはヘッジファンドで、彼らの手口は一貫していた。円ショート、日本株ロング。つまり、円を空売りして、日本株を買うわけである。このパターンをずっと続けて、儲《もう》けてきたのだ。

ヘッジファンドがそのように動いたのには、当然ながら理由があった。

ヘッジファンドによる「円ショート・日本株ロング」という手口

第二次安倍政権誕生のちょうど二ヵ月前にあたる二〇一二年一〇月、東京で世界銀行・IMF総会が開催された。本来ならば同総会はエジプトのカイロで行われるはずだったが、ムバラク政権が崩壊し混乱のきわみにあったエジプトから、急遽《きゅうきょ》会場が東京に移ったのだ。

このとき、当時の前原経済財政担当相が物価目標達成を掲げて、日銀に強力な金融緩和を求めた。

集まった世界の金融関係者は「日本がデフレ脱却に動く」とみた。同時に海外ヘッジファンドは、円をショートして、日本株をロングのポジションを取れば絶対に勝てることに気づいた。その方向に向けて最初に舵を切ったのがジョージ・ソロス氏だと言われている。

直後に、野田首相が消費税増税でクビを差し出し、同年一二月に安倍政権が成立したわけだが、すでに外国人投資家はその前から日本株をガンガン買っていた。それにしたがって日経平均株価も上昇気流に乗った。

その後はこんな具合であった。二〇一三年五月に当時のバーナンキFRB議長のテーパリング（出口政策としての緩和縮小）発言を受けて、日本株もちょっと下がったけれど、すぐに持ち直した。二〇一四年はおおむね好調に推移したが、一二月に安倍首相の靖国神社参拝の問題で、クリスマスの後にどんと下がった。しかし、まもなく日経平均株価は上がり始めた。多少の凸凹はあったにせよ、二〇一三年、二〇一四年は上昇相場を形成したといえよう。

一方、円とドルの相場の経緯を見ると、二〇一二年の終わりあたりから急激に円が安くなってきた。民主党政権時代には一ドル八〇円など厳しい時代があったのが嘘《うそ》のように、一ドル一二五円あたりまで急速に円安が進んだ。これと軌を一にするように日経平均株価もつれ高となった。

この当時には外国人投資家が買い越すと日経平均株価が上がり、外国人投資家が売り越すと日経平均株価が下がるという、まさに一目瞭然の〝サイクル〟ができあがっていた。

日経225とドル円

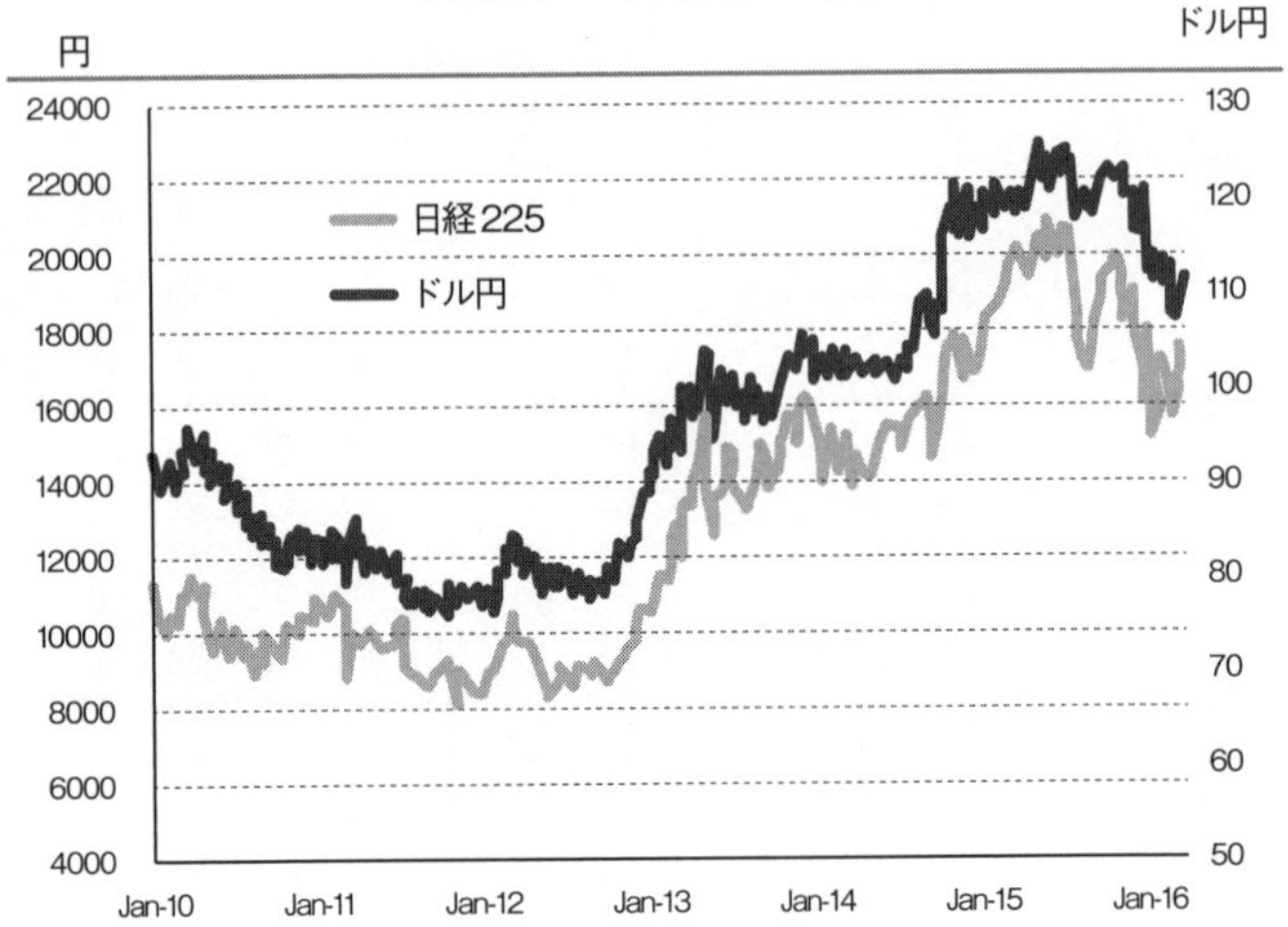

だから、外国人投資家は円をショート、つまり円を空売りする。売るということは、円が安くなるだろうと思って空売りするわけである。一方、株は上がるだろうから、ロングのポジションを取ることになる。

手仕舞いするときには、株を売って円ショートのポジションを閉じる。円を買い戻すわけで、みんなが買い戻すと、円の需要が膨らんで円高になる。外人投資家によってこれが繰り返されてきた。

理論的に金利がどうこうというよりも、ここまで示してきた外国人投資家のバタバタした一斉の動きによって、円高に円安に為替が激しく振れたし、同時に株価の動きも外国人投資家に支配されていた。

株式市場は円安を織り込んでいるが、その

割にはこのところの日本株の上値は重い。長年外国人投資家向けにＩＲを担当してきた知人は、「外国人投資家はすでに日本株への関心をなくしているようだ」とその理由をずばりと言い切った。

そろそろヘッジファンドが日本株に見切りをつけて、ほかの猟場へと渡っていく季節がやってきたのかもしれない。

大河の一滴でしかなかった日銀のマイナス金利導入

日銀が九月二一日に発表した金融政策の総括的検証によると、短期金利のマイナス〇・一％の継続に加え、一〇年物国債の金利を〇％程度とする新たな長期金利目標を導入するという。また、日本経済のために必要であると判断すれば、「マイナス金利の深掘り」を行う考えを示した。

加えて、年八〇兆円の国債購入量の目標を撤廃した。これは国債保有限界説を受けたものかもしれない。二〇一六年三月末時点の日銀の国債等保有残高は全体の三三％以上に達し、このペースでいくと一八年中に五〇％に到達するという試算もある。国債市場は明らかに流動性の低下に見舞われており、異常な状況を呈していた。

はたしてマイナス金利は本当に効果があるのだろうか？

二〇一六年年明け一月二九日の金融政策決定会合において、日銀は未知の領域であるマイナス金利政策の導入を発表した。

直後にほんの少し円安に振れたが、一週間ももたず、ごく一時的なものに終わった。こうした現実を突きつけられると、あらためて何をどうしようが日銀の政策など巨大な国際資本市場、金融市場からすればまさに大河の一滴でしかないことがわかる。大きな河に水滴が垂れて波紋は起こるけれども、すぐ消えてなくなるように、影響力などあろうはずがない。

米国が利上げに向かうなか、その他の多くの先進国の国債の金利はマイナスである。日銀やＥＣＢ（欧州中央銀行）のマイナス金利政策は、金融市場において債券投資にマイナスの影響を及ぼしかねない。

債券価格の理論的根拠となるリスクフリーレート（政策金利）がマイナスとなり、投資家はわずかなリターンのために大きなリスクプレミアムを払わされ、信用リスクに対する合理的なリターンが形成されなくなっているのだ。このままでは債券市場が正常に機能しなくなっていく恐れがある。

さらに、為替に関しては、自国通貨安を〝目指して〟マイナス金利を深化させるものの、実際にはそうはならない。理論上、通貨安は自国の輸出産業を有利にし、ＧＤＰを押し上げるはずだ。しかし、弱い通貨はキャリートレードの餌食になり、理論通りに機能しなくなる。

たとえば先に説明したように、アベノミクスの「円安・株高」は、外国人投資家が円ショート・日本株ロングのポジションを取り続ける限りは実現可能である。しかし、キャリートレードは投機的投資家による短期的なヘッジ手法であり、永遠には続かない。リスクオフとなれば、巻き戻しが起こる。ショートカバーの円買い、日本株売りで、円高・株安に動く。よって、日銀がマイナス金利を深化させれば、債券市場が壊れかかり、かえって円高、デフレ圧力が高まるリスクがある。インフレ目標達成どころか実質金利の低下を招き、実体経済にとってもマイナスになるだろう。

しかしながら、日銀がマイナス金利を導入して以来、もっとも影響を受けたのは、海外で収益をあげられるメガバンク以外の中小金融機関、および運用者と思われる。

地方銀行や信用金庫、信用組合、それから年金基金とか生損保の大きなお金を長期運用しなければならない担当者は運用難で大変な目に遭っている。

たとえば短期国債などで運用するＭＭＦ（マネー・マネージメント・ファンド）は国内一一社すべての受け付けが停止された。

三菱東京ＵＦＪ銀行は特別な存在

六月八日に三菱東京ＵＦＪ銀行が国債市場特別参加者（プライマリーディーラー）の資格を〝返上〟すると発表し、債券市場関係者の間に緊張が走った。こうしたディーラーは、財務省から国債を仕入れて日銀に運ぶ「国債宅配便」と呼ばれ、市場に対して重要な役割を果たしている。

そして、七月一五日付で、同行に対する国債市場特別参加者の指定が正式に取り消されたことが財務省から発表された。

いまのところ他行や証券会社が国債宅配便から離脱する動きはなく、平静が保たれている。しかし、関係者の一部は日銀の出口戦略に対する〝不信感〟の表れと見ている。仮に国内で国債が消化できなくなると、国債が投げ売られ、国債価格が暴落し、国内の市場金利が上昇し、日銀のマイナス金利は完全に裏目に出てしまう。

こうしたシナリオを描き、早々と日本国債をショートしているヘッジファンドもある。市場に日銀に対する不信感が滲めば、映画「マネー・ショート」に出て来たヘッジファンドのようにショートで大儲けするトレーダーたちがいる一方、動こうにも動けない日本国債を大量に保有するゆうちょ銀行やＧＰＩＦなど公的年金基金、大手機関投資家は大きな評価損を被るだろう。そして、最終的にそのツケは、預金者であり、年金加入者である国民に回ってくる。

三菱東京UFJ銀行の話に戻すと、同行がこのような思い切った行動に出たのは、国債の利回りがあまりに低いことに嫌気がさしたと思われるが、他行ならば財務省や日銀に気兼ねして腰が引ける。後で意趣返しをされる可能性もなくはないからだ。

なぜ三菱東京UFJ銀行はそうした芸当ができるのか。その理由は三菱グループが米ロックフェラー・グループに非常に近いことにあるのではないだろうか。要は、三菱東京UFJ銀行だけは別格扱いなのである。

それについて経済評論家の長谷川慶太郎氏はこう語っている。

「三菱商事の元社長の槇原稔氏はチェース・マンハッタン銀行の社外重役を二〇年も務めていた。ここはデイヴィッド・ロックフェラーが頭取を務めた銀行で、現在のJPモルガン・チェースである。毎月彼はチェースの金でニューヨークに行き、チェースの役員会に出席していた。しかもそのなかで何が語られているかを十分承知したうえで、三菱の仕事をしていたわけである。そこは銀行トップがデシジョン・メーキングするところだから、世界中のさまざまな重要情報が入ってくる。

槇原氏は日本経済新聞で連載された『私の履歴書』のなかで、そのことに一切触れていない。槇原氏の三菱人生のなかでもっとも大きな出来事と思われる本件を削除しているのは、私からすればけしからんことである。

つまり私は、大物ビジネスマンが何を書くかではなく、何を書かないかに非常に注目しているわけである。書かないこと、書けないことが、その人物にとりもっとも大事なことなのだ」

さすが慧眼《けいがん》と言わざるを得ないが、ここに三菱グループとロックフェラー・グループの親密さを垣間見ることができる。

ともあれ三菱東京ＵＦＪの特別参加者資格返上は、日銀の金融緩和がそろそろ限界に近付いていることの予兆と捉えていいだろう。

ヘリマネーとマイナス金利加速が起こしかねない金利急騰

ところで、九月以降の債券市場は雲行きが怪しく、変調をきたしている模様だ。それは、日銀の究極の緩和策がさらに限界に近付いている表れかもしれない。米国債一〇年物や日本の超長期債の金利が唐突に跳ね上がるのではという不安が増してきた。

インフレターゲットを掲げる政府・日銀には、お金が降ってくれば（いわゆるヘリコプターマネー、通称「ヘリマネー」）、皆が喜んで拾いに行ってお金を使うという〝思い込み〟がある。しかし、庶民からみればお金は自分たちの税金である。これから増税が来るのを知っているので、喜んで使う気にもなれない。

おまけにマイナス金利で利息税まで取られれば、ますます「たんす預金」に励む。これでは日銀がインフレを起こそうとすればするほど、デフレマインドが加速する。

加えて、マイナス金利が深化（たとえばマイナス〇・一％→マイナス〇・二％）すれば、政府はいっそう高い金利税を民間金融機関から徴収することになる。これでは国内債券市場での運用がきわめて困難になり、特に長期安定運用を目指す年金基金や生損保の運用収益をますます圧迫するだろう。

周知のとおり、政府は名目成長率を高めようとインフレターゲット二％を掲げている。実質成長率が仮に一％とすれば、名目成長率は（一プラス二）イコール三％となる。しかし、実際は物価が下がっているので、たとえば、名目成長率一％でデフレ率（マイナス〇・五％）となれば、一マイナス（マイナス〇・五）となって実質成長率一・五％である。

デフレ基調だからこそ、物価も上がらずなんとか生活ができていた。ところが、デフレでは政府債務の実質価値が増大してしまう。この打開策がインフレターゲットである。

ヘリマネーとマイナス金利が加速し、市場が出口の見えない不安で揺らぐいま、日銀の

日銀政策の効果

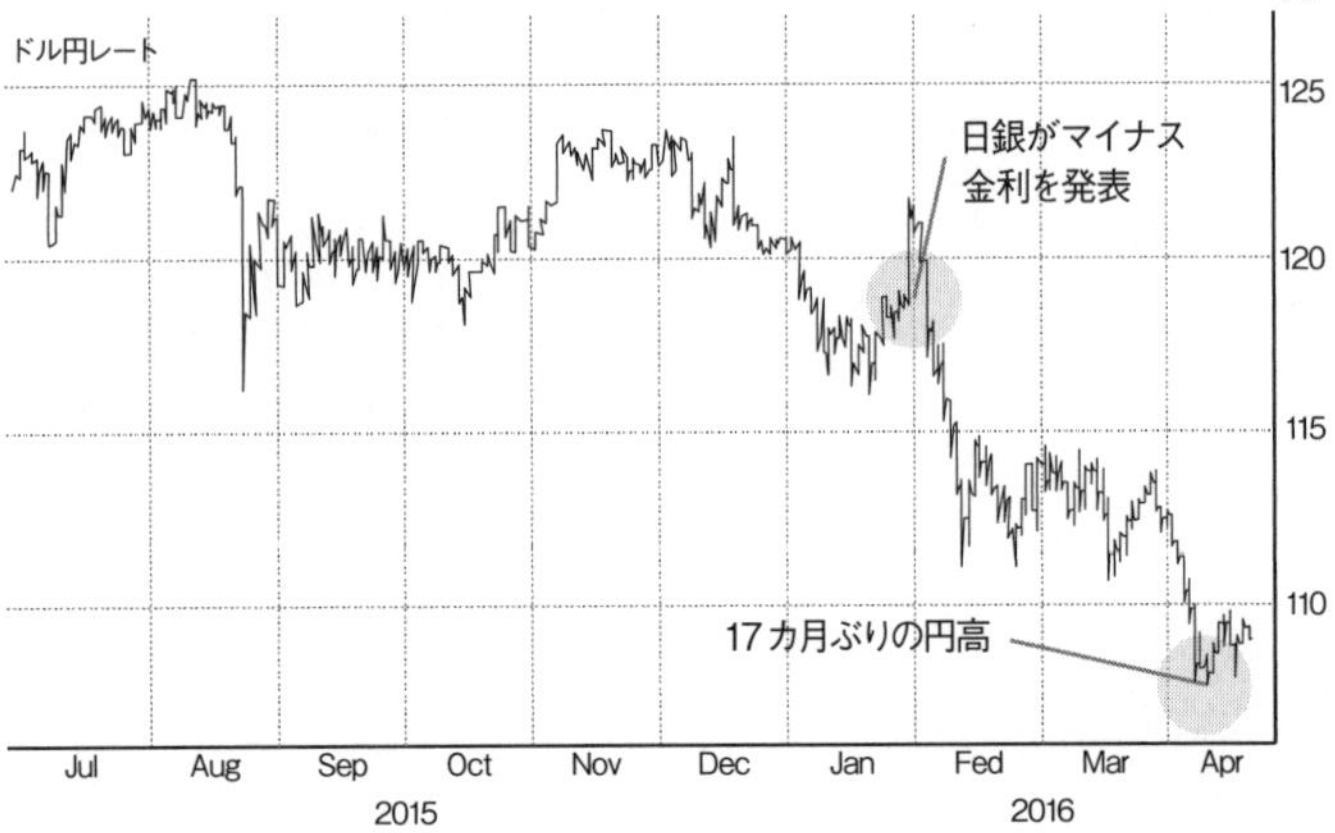

出典：ブルームバーク

債券購入規模の縮小や国債市場に買い手がつかないなど何か債券市場に異変が起これば、不安が一気に膨らみ、金利が急騰し、「悪いインフレ」が起こる可能性がある。

その点、九月二一日に日銀が従来の年八〇兆円の国債購入量の目標を撤廃したことは、市場にテーパリング（出口政策としての緩和縮小）と受け止められる危険性があった。

黒田総裁は躍起になってそうではないと否定したが、金融関係者の大半は、国債を買い尽くした結果、白日の下に晒された

計算式	$1+2=3$ $1-(-0.5)=1.5$

量的緩和の限界と捉えている。

東証一部上場企業四分の一の筆頭株主となった公的マネー

アベノミクスの開始以来、政府・日銀はインフレターゲットを設定し、インフレ二%を起こすと言い続けてきたが、これはもう本末転倒としか言いようがない。

そもそもインフレターゲットとはインフレに苦しむ国がインフレ率を〝抑える〟ために設定する目標値であるからだ。こんな基本を財務省や日銀が知らないはずはない。

ではなぜインフレターゲットを掲げたのか、掲げなければならなかったのか。

どこから考察を深めていっても、行き着く先は、日本政府がつくった借金を減らすためということになる。借金を少しでも消すためにインフレを起こす。インフレを起こせば、名目成長率は高くなるわけだから、形の上ではデフレ脱却にはなるのかもしれない。

しかし、日銀・政府がインフレに誘導しようとすればするほど、デフレになっているのはなぜなのか。先に記したとおり、ヘリマネーを撒《ま》けども撒けども、誰も拾わないからである。

これがいまの経済の実態なのだ。重要なことなので繰り返すが、政府・日銀がインフレにしようと一生懸命やればやるほど、デフレ圧力が強まるわけで、これは日本経済がきわめて恐ろしい状況に陥っていることを意味する。

そんな折、日経電子版に登場した民主党時代の元財務大臣・藤井裕久氏の発言が目を引いた。

「自分は八四歳の高齢だが、子孫に借金を残すのは残念でたまらない」とはっきり言ってからこう続けた。

「黒田日銀総裁はインフレターゲットに一生懸命でなりふりかまわぬように見える。けれども、自分がやりたいのかというとそうではなく、安倍首相に言われたからやっている。自分の使命としてやっていない」

私の知り合いで日銀に関わっている人が何人もいるが、彼らも異口同音に言う。

「本当はインフレターゲットでは景気は回復しないと思うけれども、自分の意思とは別に、いまは組織としてなんとかインフレを起こそうと動いている」

政策が行き詰まって八方塞がりとなったアベノミクスには出口がないと藤井元財相は喝破している。

「日銀は保有する国債の裏付けになる積立金を積もうとしている。どうしてそんなことをするのか。国債の価格が下落すると予測しているからだ」

だが、日銀はこの積立金をどこから調達するのだろうか。ＧＰＩＦやゆうちょ銀行、かんぽ生命に集まっている国民の年金や預貯金ということになろう。それこそ国富を政府の失策の尻拭いに使うことになる。

そんな日銀はインフレターゲットでお金を刷って、そのお金で国債を買いまくり、そしてＥＴＦ（Exchange Traded Fund：上場投資信託）購入によって、いまや東証一部上場企業の四社に一社にあたる約四八〇の筆頭株主となってしまった。「官製相場」という言葉を生んだのは評論家の副島隆彦氏であるが、まさにいまの日本株は官製相場そのものであり、異様な姿を晒け出している。

　海外投資家が日本株市場に興味を示さなくなった、彼らの日

「公的マネー」の株式保有

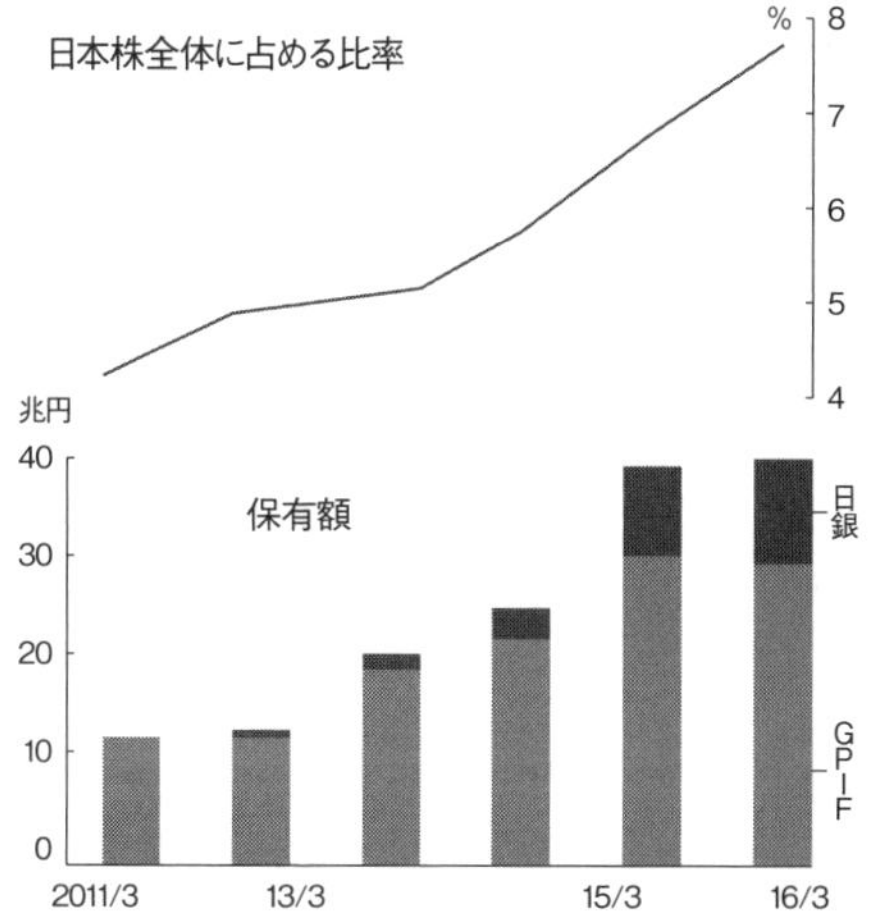

〈日銀が筆頭株主になっている主要企業〉
TDK（17%）、アドバンテスト（16・5%）、日東電工（14・2%）、コナミホールディングス、セコム、横河電機等々。
出典：日本経済新聞2016年8月29日付

本株離れが加速している原因はここにもある。

若者世代には大増税が待っている

こうした異様な状況について、私がある人物に、「これではまるで中国の国営企業のようですね」と話すと、「いや、国有企業でしょう。戦時下の国家独占資本主義に近いものがあります」と返された。

この異様さ、異常な状況に、政財界から表立った反発が見られないのは実に不思議であるが、藤井元財相は発言を次のように締め括っている。

「歴史を振り返れば、カネをばらまいた後は落とし穴が待っている。佐藤栄作、田中角栄内閣のときもそうだった。その後はマイナス成長に陥って、インフレが起きてしまった。高橋是清だけが偉かった。いまで言うヘリマネーを実施して経済が正常化したので、財政引き締めに転じた。当時の財政支出の半分が軍事費だったので暗殺されてしまったが……。いまも同じようにカネをばらまいている。次の世代は本当にかわいそうだ。大増税が待っていることが決まっているのだから」

これから二一世紀の日本を背負うミレニアム世代（一九八〇年初〜二〇〇〇年初に生まれた世代）とその子供たちは、日本の大借金を背負う。財務省（旧・大蔵省）のおかげで、現時点で国民一人当たり八三〇万円の国の借金を背負っている。

これから年に一〇〇万人ずつ人口が減り、出生率は急には上がらないだろうから、国の負債を背負う人数が減り、一方で負債額は増え続けるので、一人当たりの借金はどんどん増えていく。農奴のごとく働けど豊かになれないし、自立もできない。自分たちの国をどうにも立ち行かぬ借金まみれにした人たちはとっくにこの世から消えている。

賢明な若者世代は、すでにこの現実をかみ締めながら暮らしている。だから、個人消費は増えるはずがないのである。

かつて日本の中小企業を支えた短期継続融資

私はいまの安倍政権の一番の問題は、戦後七〇年の日本社会の根本的な構造変化に対応していないことだと思う。

一九七五（昭和五〇）年には日本人の過半数五四・四％の世帯は三世代同居で住んでいた。私は一九五八（昭和三三）年生まれで、うちも祖父母がいる当時の典型的な世帯だった。それが二〇一三（平成二五）年になると三世代同居世帯は一三・二％に激減している。夫婦のみの世帯あるいは単身世帯がほとんどである。完璧に家族構造、世帯構造が変わってしまったのだ。

世帯構造別にみた65歳以上の者のいる世帯数の構成割合の年次推移

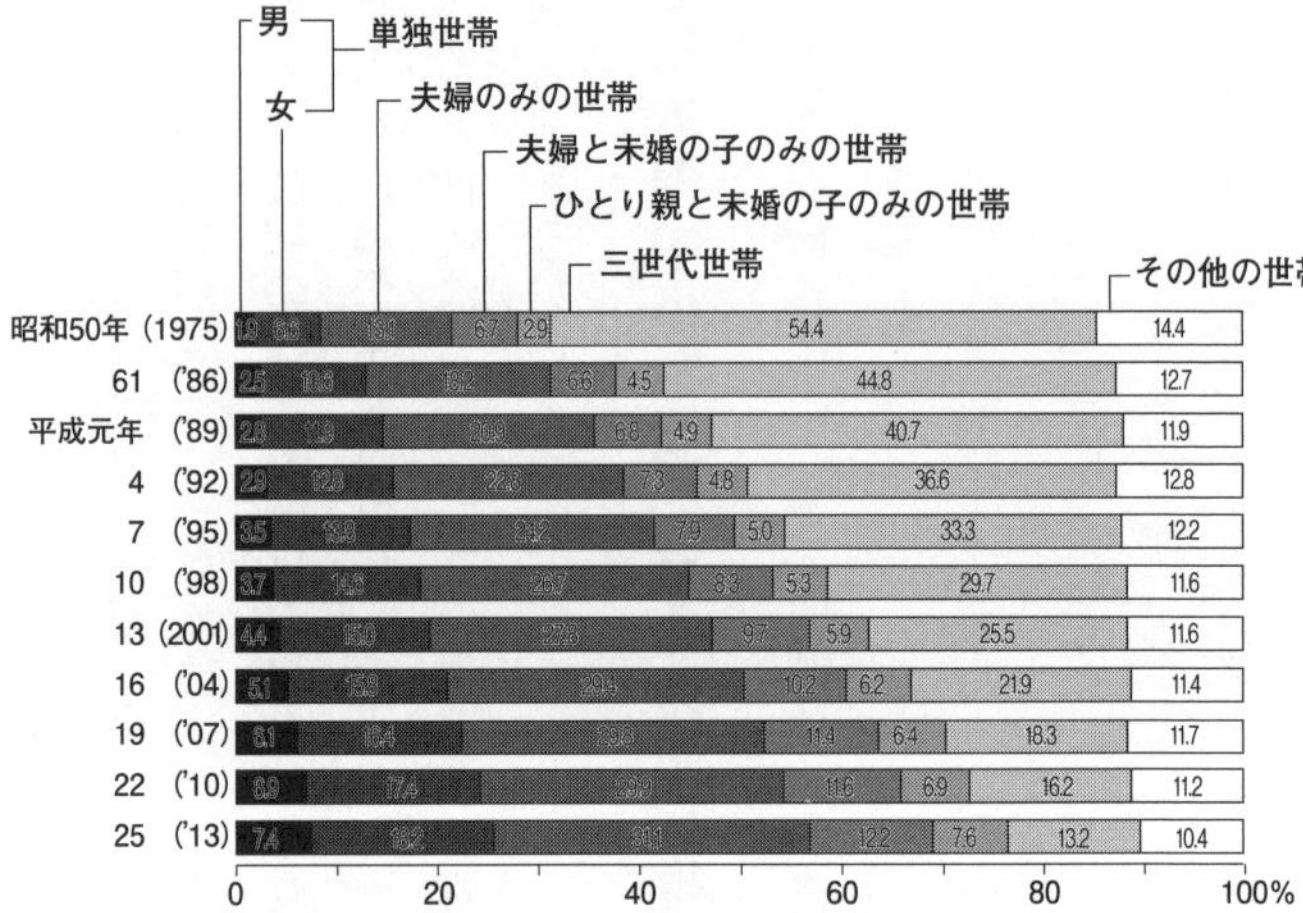

そうした変化に伴い、昔は家のなかで行っていた介護や子供の教育、育児などの問題がすべて社会に出てきてしまった。

アベノミクスでは、そういった生活に密着した問題にまったく視線を向けようとせず、庶民生活をないがしろにしている。戦後七〇年でこんなに社会が変わったのに対応していない。そういう意味でこの政権はまったく足元を見ていない。

安倍政権が常に大企業中心の経済政策をとっていることも大問題である。日本経済の中核を担うのは中堅・中小企業であるにもかかわらず、出てくる政策は大企業優遇策ばかりであったからだ。

参院選挙が終わり、私の関心は、安倍政

権がこれまできわめて手薄であった中堅中小企業向けの経済刺激策を打つかどうかにあったが、どうやら期待外れに終わったようだ。

日本には優れた技術、人材、資金がある。しかし、経済を動かすこの基本的三要素が有機的につながっていない。日銀の超緩和策でだぶついた資金があるにもかかわらず、成長の芽に有効に注がれていない。投資には当然リスクが伴うが、成長局面にある企業には一定の投資が継続して必要である。市場に資金量だけ増やしてもリスクマネーが効率的に回らない限り、成長は絵に描いた餅である。

かつて日本の中小企業を支えたのが「短ころ」こと「短期ころがし＝短期継続融資」であった。銀行の支店長には決裁権限があり、地元の中小企業のオーナー経営者は、銀行から一年以内の運転資金を継続的に借り入れることができた。「短ころ」があったから頑張れたと当時を懐かしむ経営者もいるが、高度成長期には内需が高まり、経済も右肩上がりだったから増産・拡販で企業も銀行も成長できた。

しかし、九〇年代のバブル破綻《はたん》とともに成長は鈍化し、二〇〇二年以降、担保の無い「短ころ」は金融庁の検査マニュアルで不良資産に分類されることになった。小泉・竹中体制下、不良資産の処理が急がれて以降、銀行は担保主義に徹し、「短ころ」は半減した。支店長の決裁権限はなくなり、本店審査部が数字を見ながら信用調査を行うようになった。

ＢＩＳ規制で銀行は信用リスクの高い中小企業への融資を控えるようになった。銀行は、成長に必要なリスクマネーを供給するどころか、景気が悪化すれば優良中小企業の貸し剝《は》がしや貸し渋りに走る「死に神」となっていった。

資本主義の原則に反するマイナス金利

今後、地方銀行や地方の信用金庫が大ピンチを迎えるだろう。

地銀の大口預金者である地方企業の創業者が亡くなると、相続税をキャッシュで払わなければならない。たとえば六億円の資産家なら五五％の相続税を国に没収される。加えて、相続した子供は都会にいるケースが多いので、残った預金を都会の銀行に移し替えてしまう。

団塊の世代が後期高齢者の仲間入りをする五年以内にはこのようなケースが続発、地銀、信金の預金が激減することが確実視されている。おまけにマイナス金利導入により、業績は著しく悪化している。

こうなると地銀や信金は、貸出先もなく、預金の金利は日銀にもっていかれ、窮地に追い込まれるのは必至である。へたをするとリーマン・ショック後のときと同様に、融資先の黒字企業の貸し剝がしに出る可能性もある。

政府・日銀はそこまで考えが回らない。下の人たちのことなど考えていないからである。大企業が利益を上げて、メガバンクが儲かれば、トリクルダウンがあると思い込んでいる。いまはそういうビジネス構造ではない。できればドイツのように、中堅企業、中小企業だけは潰《つぶ》さないように大事にしたほうがいい。

われわれ運用に携わる者たちも、マイナス金利には困惑している。まず、リスクフリーレートが「マイナス」となるのは前代未聞である。さらにマイナス金利の導入は利子が利子を自己増殖していくという資本主義経済学の原則にあてはまらない。

その意味においては、「オバマ大統領を助けるため金利を『人為的に低水準』に据え置いているのはけしからん」とFRBのイエレン議長をやり玉にあげたトランプ発言は正鵠《せいこく》を射ているのである。

ただしトランプは、過去四度も破産申請をした踏み倒しの常習者である。一九九〇年後半、トランプカジノがデフォルトして、その債券を買っていた長銀をはじめとする日本の金融機関は多大な損害を被った。万が一トランプが大統領になったら、米国債をデフォルトさせることもあるかもしれない。

資本主義は利子という概念を重視してきた。利子が利子を生むのがマルクス主義の大前提である。その利子の概念をいまの日本国は停止させているわけで、イコール、資本主義が破壊されていることに等しい。

日本政府は過剰な負債を軽減するためになんとかインフレを起こしたい一心で、無理矢理アベノミクスを推進してきた。それが駄目だったから、今度は金利に手を付けて、マイナス金利導入というおかしな方向へ進んできてしまった。

それがアベノミクスを止めるに止められない状況を招いてしまった。この先に待っている「破綻」の二文字がチカチカと点滅を始めている。

第3章

預金封鎖と新円切り替え

ついに国有化された日本の債券市場

二〇一二年一二月に第二次安倍政権に切り替わり、アベノミクスがスタートして以来、日銀とFRBの動きはペアで見る必要が出てきた。FRBが引き締めに向かい、日銀は緩和に向かういわゆる〝逆相関〟の動きが目立ってきたからだ。

いくつか実例を挙げてみよう。

日銀は二〇一三年四月に金融緩和を実施し、FRBは五月に当時のバーナンキFRB議長がテーパリング方針を公表した。

二〇一四年一〇月に日銀は追加緩和策を発表し、世界最大級の公的年金基金GPIFが日本株式の組み入れ比率をこれまでの一二%から二五%に引き上げるとした。同月、FRBは量的緩和の終了を決定した。

二〇一五年一二月にFRBは利上げを実施した。年明け一月に日銀はマイナス金利を導入した。ざっとこんな具合である。

さらに今年の九月二〇―二一日に、FRBと日銀がほぼ同時期に金融政策決定会合を開いた。時差の関係で、日本時間二一日午後に日銀が先に「イールドカーブを直接コントロールする」というさらなる異次元の緩和策を発表した。

ＦＲＢは九月の利上げを先送りしたとはいえ、「年内一回、来年二回の利上げ」を予定している。次の利上げのタイミングは一二月で間違いないところであろう。

ここで問題なのは日銀のほうである。日銀はこれまでの質的量的緩和（ＱＱＥ）に「長短金利操作付き」という次の手、「イールドカーブ・コントロール」を加えた。

イールドカーブ（利回り曲線）とは、債券市場の短期金利と長期金利を結んだ曲線で、通常、短期金利が低く、長期金利が高いので、右上がりの曲線となる。

銀行は短期で借りて長期で貸し付けるので、長短金利差で利ざやを稼ぐことができる。ところが、目先の信用不安が高まると短期金利が上昇し、曲線はフラットになるか、不況感が漂うと右下がりの逆イールドになる。

イールドカーブは信用市場の先行きを見るうえで重要な指標であり、市場参加者の〝リスク認識〟の総和ともいえる。これを日銀がコントロールするとはどういうことか？　債券市場の取引総量規制を行う、つまり、〝国有化〟にほかならない。言葉を換えれば、戦時下のような〝非常事態宣言〟に等しいのである。

かつて米国では真珠湾攻撃の翌年の一九四二年から朝鮮動乱の五一年にかけて一〇年間、戦費が膨らんだことから、安定的な戦費調達のために「ペッギング：pegging」（価格維持策）

イールドカーブ（利回り曲線）について

イールドカーブは債券利回りと償還期限との関係を示したグラフで、債券投資における重要な指標。

イールドカーブは経済活動についての先行指標にもなる。右上がりの曲線（順イールド）は将来金利が上昇するであろうと見込み、景気回復を織り込んでいる。右下がりの曲線（逆イールド）は、短期債の利回りが長期債の利回りよりも高い場合、景気減速およびインフレ低下と連動して金利が低下すると投資家が予測していることを示している。つまり、景気後退を示唆しているのだ。

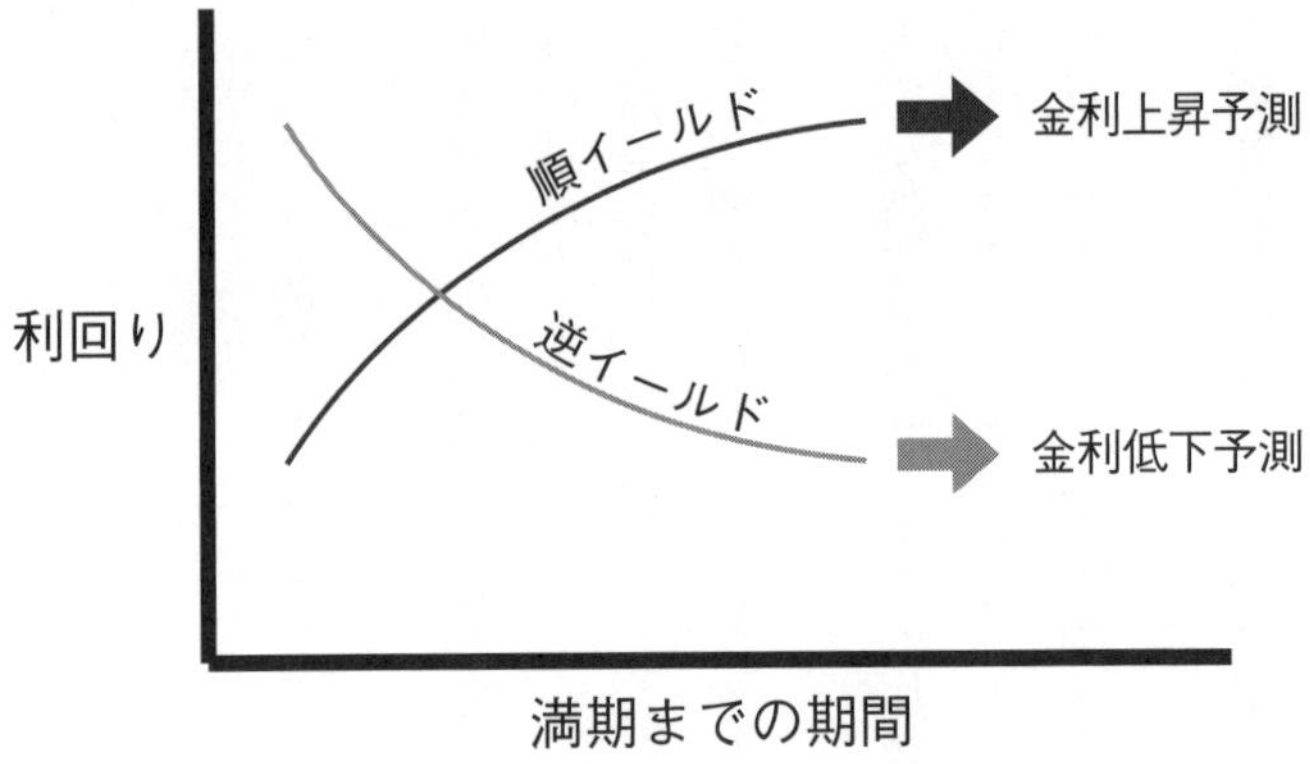

出典：PIMCO Bond Basicsより部分引用

を実施した。その目的は「長期金利の急騰＝悪いインフレ」を抑えこむためだ。

当時の米国政府とＦＲＢが協力し、財務省は長期金利二・五％を上限に国債を発行した。そして市場金利が上昇しても国債の金利は引き上げずに、ＦＲＢが買いオペを実施して価格をサポートし続けた。

実は、ＦＲＢそのものの所有者（株主）でもある国際金融資本家たちは、戦時国債が発行されればされるほど価格の暴落を気にせずに、その金利分をボロ儲けできたのだ。ＦＲＢの正体については、章をあらためて紙幅を割くつもりだ。この米国におけるペッギングは一九五一年に見直された。

見識ある債券の専門家は、国債の短期金利について日銀が決めるのは致し方ないが、長期金利については市場メカニズムに委ねるべきだと考えている。なぜなら、日銀が手を突っ込んでイールドカーブまでコントロールしていては、日本の債券市場はもはや〝まとも〟な市場ではないと宣言しているようなものだからだ。

それにより信用市場で信用リスクに対応した適切なスプレッド（リスクフリー・レートに上乗せする利回り）を形成できなくなってしまう。たとえばジャンク・ボンドのように信用度の低い債券に対しては金利が高くつくという市場のルールを完全に壊してしまうからである。

今回の「黒田イールドカーブ・コントロール」は「日本版ペッギング」と債券市場では評されている。しかしながら、その意味合いについて指摘する報道はほとんどなされていないようだ。

だが、海外の金融マスコミは、「このようなオーバーシュート型コミットメントは日銀が自らの失敗を〝告白〟しているようなものだ」とズバリ切り込んでいた。

統制経済に突入した日本と何も知らされない国民

「日本版ペッギング」の向かう先は、間違いなく「永久国債」の発行である。日本の財務省は一〇〇年償還の国債を発行する用意がある。これは実質的には永遠の借金であり、ツケを払うのはまたしても国民。日銀のペッギングはその布石である。

前章でも示したとおり、日銀は日本のGDPの約四割に相当するマネーをバラまき、ETF購入などを通して東証一部上場企業の四分の一に当たる企業の株式を買い入れ、まさに日本の大手企業の筆頭株主になってしまった。これでは民業圧迫どころか、日本の資本市場そのものの機能を壊してしまう。

その結果何が待っているのか。周知のとおり、日本株式市場の取引量の三分の二は外国人投資家が占める。日銀はこうした投資家に手の内を読まれ、ババをつかむのは国内投資家、特に小回りの利かないＧＰＩＦなどの公的年金基金やゆうちょ銀行などの大手機関投資家になるということだ。

こうした大手機関投資家は大量の国債を保有している。ペッギングで国債価格はコントロールされるだろうが、債券市場での投資収益機会は減り、海外の投資家には投機的アービトラージ（裁定取引・利ざや稼ぎ）の機会を提供するものの、年金基金の長期運用はさらに困難になる。日本はまっとうな長期投資ができない市場になるわけである。

年金基金は増えることなく、結果として、先々の年金給付額もますます減ることになるだろう。総じて、資本市場全体への政府の過度な介入で、民間の富（民富＝国富）は政府に吸い上げられる。

日本の株式市場と債券市場は、とっくに政府のコントロール下にある。これはすでに日本が〝統制経済〟に突入していることを意味するわけだが、ほとんどの国民はこの現実を認識していない。

次なるＢｉｇ Ｓｈｏｒｔ（大規模な空売り）

いまや、統制経済化にまっしぐらの日本も含め、国際金融市場は大きな不安材料を抱えている。ドイツ銀行の抱えるデリバティブの潜在的な巨額損失、中国の巨額な政府債務、原油相場、米国の大統領選挙の行方などが挙げられるが、中国に関する衝撃的なリポートが発表された。

九月一四日付ＢＩＳ（国際決済銀行）リポートは、中国のＧＤＰに対する信用（Credit to GDP gap）は三〇対一とし、その過剰信用について深刻な警告を示した。

それを受けて野村證券リポート〝China Debt Default〟では、「中国の総負債はすでにＧＤＰの三〇九％に達している」とし、中国デフォルトの可能性を示唆している。そのインパクトは、一九九七年のアジア危機やリーマン・ショックの比ではないと論じている。

それではヘッジファンドはこうした状況をどうとらえているのか？

彼らは次のＢｉｇ Ｓｈｏｒｔ（大規模な空売り）は人民元と見ている。中国の負債額は企業部門（金融機関以外の事業会社）に集中して増加がみられる。ちょうど日本の一九八〇年代後半にかけてのバブル同様、不動産価格高騰に支えられた融資の増加がいつまで続くのかが問題なのだ。

次ページのグラフを引用すると、上の表では、全体のレバレッジ（借入）は減っているにもかかわらず、企業部門の負債総額がＧＤＰの二四〇％に達している。

下の表では、不動産価格の高騰と不動産向け投資額の増加がピタリと一致している。

GDPに対する負債総額

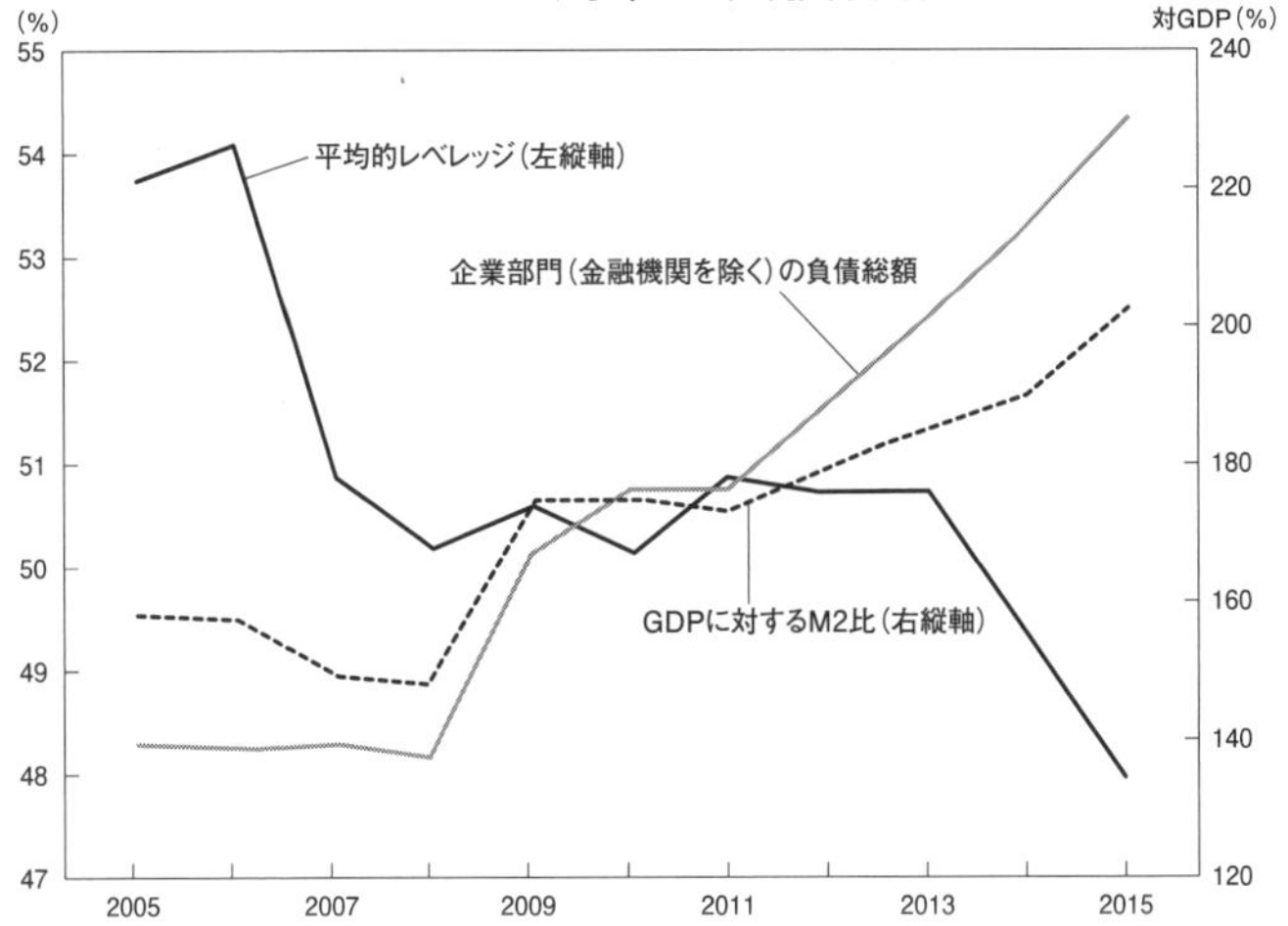

主要都市における固定資産価値と不動産価格

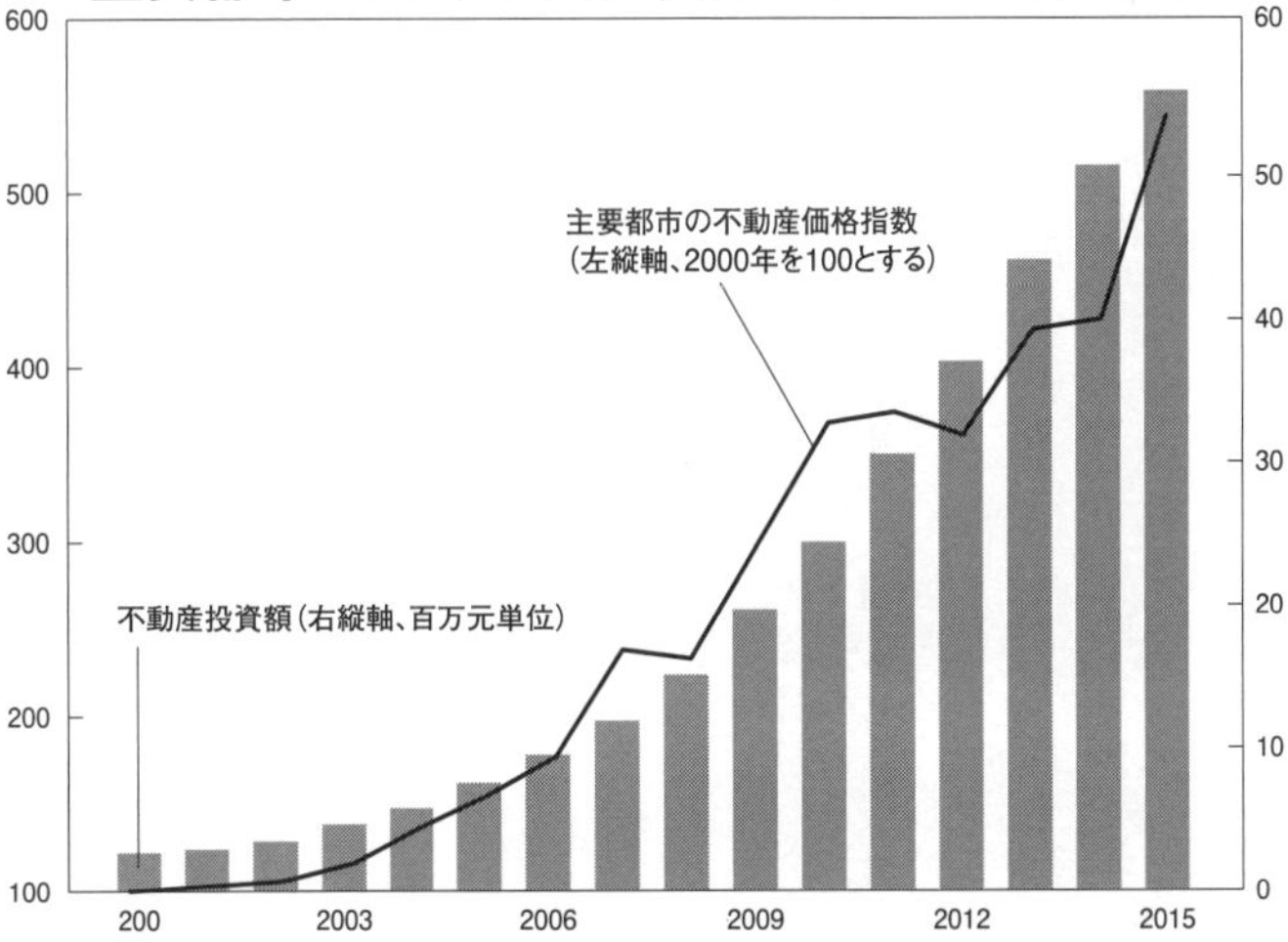

注：主要都市とは、北京、上海、深圳

出典："China : Solving the debt problem" by Yang Zhao (Sep 14, 2016) 野村證券

中国政府は当然、不動産バブルへの警戒感を強め、デレバレッジ（借入による投資の回収）を推進してきたが、その効き目がなかったことを示している。

これほど大きなバブルの是正は〝デフォルト〟しかないと野村證券リポートは結んでいる。

人民元の真の国際化に必要なもの

だがその一方で、人民元は国際通貨の仲間入りを目指している。

戦後設立されたＩＭＦ（国際通貨基金）は、加盟国の為替安定化や、国際収支の悪化した国に対して融資を実施し、国際金融市場の安定を図る役割を果たしてきた。

ＩＭＦにはＳＤＲ（特別引き出し権）という通貨バスケットがあり、国際金融取引の重要性を反映する通貨によって構成される。このＳＤＲに二〇一六年一〇月から人民元が仲間入りした。

ＩＭＦの融資業務は「自由利用可能通貨」とＳＤＲとで実施され、借り入れを行っている加盟国は、ＳＤＲを自由利用可能通貨と交換する権利がある。この通貨バスケットの構成は、五年ごとに見直される。

一〇月一日、人民元はＩＭＦ（国際通貨基金）が通貨危機、外貨不足に陥った加盟国に配る仮想通貨SDRの五番目の構成通貨に採用された。

構成比率は一〇・九二％で、米ドル（四一・七三％）、ユーロ（三〇・九三％）の次に位置し、日本円（八・三三％）、英ポンド（八・〇九％）を上回ることになった。

人民元が国際通貨としてお墨付きを得たような格好だが、現実には中国は為替取引の自由化に踏み切っておらず、資本流出を恐れてか、為替改革には及び腰である。

先に示したBISおよび野村證券リポートとIMFの行動には相当な乖離《かいり》というか、矛盾が生じているように感じる。日米の金融専門家には人民元の採用に疑問符を付ける向きが多い。中国に詳しい金融ジャーナリストに聞くと、中国がゲタを履かせてもらってSDRに採用された理由は実にシンプルだという。

「IMFのトップがクリスティーヌ・ラガルド専務理事なのは皆知っているが、副専務理事が中国人民銀行副総裁を務めた朱民なのを知らないからだ」

金融面での中国の台頭はIMFの人事にも反映されているのだ。中国がIMFを重視するきっかけは一九九七年秋に発生したアジア金融危機であった。タイ・バーツの暴落を嚆矢《こうし》にアジア諸国は金融パニックに陥った。欧米の銀行が、アジアの新興市場の銀行から短期資金を唐突に引き揚げたためであった。

中国当局はこのアジア金融危機を徹底的に分析した。おそらく中国側は、欧米の銀行と

ＩＭＦが裏取引をして、新興市場の経済を破壊し、あわよくば政治体制までをも変えさせる影響力を持とうとしていたことを認識した。

そうした陥穽に嵌《は》まらないためにすべきは、大量のドル建て準備資産を保有することだと中国は理解した。そして、中国が欧米の銀行とＩＭＦの被害者にならぬよう、中国でもっとも優秀かつ実行力に富む金融専門家・朱民をＩＭＦに送り込むことに成功した。

一〇月一日に中国の人民元がＩＭＦのＳＤＲ構成通貨に正式に加わると、さっそく動きがみられた。

ＳＤＲ建て債を発行　一〇月一五日付　日本経済新聞

【香港＝粟井康夫】 英スタンダードチャータード銀行は一四日、国際通貨基金（ＩＭＦ）の特別引き出し権（ＳＤＲ）建ての債券を中国の銀行間市場で発行すると発表した。発行枠は一億ＳＤＲ（約一四〇億円）。商業銀行では初の試みとなる。

スタンダードチャータード銀の香港法人が中国人民銀行（中央銀行）から許可を得た。債券の価値はＳＤＲ建てで計算するが、実際の資金決済は人民元建てで実施する。

ＩＭＦは一〇月一日からＳＤＲの構成通貨に人民元を組み入れた。中国政府はＳＤＲ

建て債の市場を育成する方針で、これまでに世界銀行などがSDR債を発行している。

中国が念願のSDRに組み込まれた喜びと、香港の元宗主国である英国との蜜月《みつげつ》ぶりがうかがわれるが、私が懸念するのは、中国の決済機能だ。

二〇〇一年に中国はWTOに加盟し、自由貿易圏で「世界の工場」にまで引き上げられた。今度は人民元がSDRの仲間入りを果たし、国際金融市場で重要な地位を確保するという新たな挑戦に立ち向かう。AIIB（アジアインフラ投資銀行）発足もまた、こうした動きとシンクロしている。

ところで、自由利用可能通貨とSDR組み入れ対象となる通貨は、国際金融市場での取引上、信用力が欠かせない。通貨を支える信用力とは、国民経済の力であり中央銀行の金融政策能力である。その意味で、中国政府と中央銀行である中国人民銀行は、人民元改革、シャドーバンキングの焦げ付きや不良債権処理等の問題に、待ったなしで取り組まなければならない。

ここで私がもっとも重視するのが通貨の「決済機能」である。日々、巨額のグローバルマネーの決済を〝支える〟のはITである。テロにより決済機能が麻痺《まひ》するリスクに対して、各政府はどのような対策をとっているか。つまるところ、通貨の後ろ盾は国家安全保障なのである。その意味で、米ドルの決済機能を超える通貨はない。

さて、人民元の国際化を支援するため、日本の銀行が一肌脱いだのをご存知であろうか。三菱東京UFJ銀行だ。同じく一〇月一五日の日本経済新聞が次のように報じていた。

人民元建て債で邦銀初の主幹事

【上海＝張勇祥】三菱東京UFJ銀行は東風日産汽車金融が発行する資産担保証券（ABS）で主幹事を務める。邦銀が人民元建て債の主幹事になるのは初めて。発行額は四〇億元（六二〇億円）で一七日の発行を予定している。

ABSは東風日産が保有する小口の自動車ローン債権を束ねたうえで、信用力の高い優先部分と格付けを持たない劣後部分に分けて投資家に販売する。中国の債券市場では元の国際化を進めるため、国際的な販売網を持つ外資系金融機関を主幹事に起用するケースが増えている。

市場の誰もが不安を隠しきれない日本経済

ここまで述べてきたように、政府・日銀の金融政策に対する私の懸念は高まるばかりなのだが、尊敬する経済学者の島田晴雄氏も同じような考えを持っておられるようだ。

「大井さん、いまはなんだか日米開戦前夜のようだね」

言い得て妙である。

超大国の米国などと戦争をしたら大変だとわかっていたのに、日本は踏みとどまれなかった。だから山本五十六聯合艦隊司令長官は、「最初の一年だけは暴れてみせましょう」と言って、真珠湾攻撃に打って出た。山本司令長官のハラは、日本の優勢が続いているうちに米国と講和条約を締結させるものだったが、開戦から七ヵ月後のミッドウェイ海戦に惨敗してから防戦一方となった。

日本軍が捨て身で向かえば向かうほど米国を怒らせ、ついに原爆を落とされる悲劇が待ち受けていた。

なぜ日本はあのような悲劇に遭わなければなかったのか？　日本側がまっとうな「出口戦略」を考えていなかったからにほかならない。この致命的な欠陥とアベノミクスを進める金融政策は酷似している。

アベノミクスには出口がない。アベノミクスが打ち出す政策の意思決定のあり方、組織のあり方から見ても、いまの日本は非常に危険である。これがわれわれ国際金融機関に携わる関係者の揺るがぬ〝コンセンサス〟になっている。市場の誰もが不安を隠し切れない状況が訪れているのである。

仮に私が海外の機関投資家、あるいはヘッジファンド・マネージャーであれば、やはり日本市場に見切りをつけて、次な猟場に移っているだろう。

攻防を続けていても出口がないのであれば、沈みつつある日本丸という船からさっさと飛び降りなければいけないからだ。おそらく外国人投資家の多くは私と同じような心持ちであるはずだ。

この動きが一気に加速し、日本市場が世界中の投資家からそっぽを向かれる日はいずれやってくる。


それはいつなのか。日銀そして円の信認次第だろう。

万が一にも北朝鮮にミサイルを撃ち込まれたり、尖閣問題がエスカレートして中国軍が日本を制圧するような場合は、当然、日本という国家の価値は消滅するわけである。だが、われわれが本気で懸念しなければならないのは、すでに崖っぷちにまで来ている金融政策の行き詰まりにある。それが日銀、円の信認を脅かしている。

ここに来て、「日銀が国債や株を買い続ける力をいつまで保てるのだろうか?」といった素朴な疑念が巷《ちまた》に持ち上がっている。これが「もう買えないのではないか」という見方が強まってきたときに、今度は円の信認が問われることになる。

マイナス材料は山ほどある。日米、そして英国に共通している点は、政府債務の膨張である。米ドル、英ポンド、日本円は合計すると世界の外貨準備の七割を占めるが、この三国が債務返済のためにインフレを起こし、自国の名目成長率を上げようとしている。

ところが、英米では政府債務の対ＧＤＰ比が約一〇〇％なのに対し、日本は二三〇％と段違いに高い。このままでは、インフレ率を上げようと中央銀行がいくら通貨量を増やしても、政府債務危機を避けられなくなる。しかもアベノミクスを御旗に、他国政府や市場を驚かせた異次元の量的緩和政策を行った日銀の出口戦略はまだまったく見えていない。

円の信認が終わるとき

二〇一六年二月、ＥＣＢ（欧州中央銀行）に続き、日銀はマイナス金利を導入し、七月には日本国債一〇年物、さらに二〇年物が史上初のマイナス金利を付けるに至ったわけだが、市場もこの現象には大きなリスクを感じている。

七月五日の「ウォール・ストリート・ジャーナル」はこうした状況を受けて、「日本国債の約八七％がマイナス利回りに陥っている」と報じた。

先にも記したように、マイナス金利自体が非資本主義的であり、「利子が利子を生む」

ことで投資が促進され、拡大再生産を実現するという資本主義の大原則を覆す危険がある。さらに言えば、貨幣の価値、すなわち円の価値すらなくなるというリスクも孕《はら》んでいるからである。

マイナス金利でいっとき得をするのは、国債という名のもとに借金を増やし続けてきた政府ではないだろうか。利子の支払い分が減るので、国庫にとってしばし負担がラクになる。ただし、財政赤字を元本から減らせるような効果はないだろう。

当面、日銀が株や国債を購入する「最後の買い手」と位置づけられ、投資家がそう確信しているうちは、短期収益を狙う売買が活発になるだろう。ただし、日銀が中央銀行としての信認を〝確保〟できればという前提条件がある。

問題なのは、こうした異常事態が続けば、国民は一生懸命働いて将来のためにお金を貯める気力を徐々になくし、勤労意欲を失い、若者はますます希望が持てなくなってしまうことだ。これこそがもっとも大きな社会的リスクである。日本の資本主義を支えてきた勤勉な精神や貯蓄、堅実な経営の基盤が失われてしまうのだから。

いったい円の信認はいつまで続くのだろうか、どのあたりまでが信認される限界なのだろうか？

現在二三〇％に達する政府債務残高の対ＧＤＰ比が二五〇％を超えたときかもしれない。

そんな声に対して、いや三〇〇％でも問題はないと言う向きさえある。その根拠を問うと、彼らは何食わぬ顔でこう答える。

「『現金・預金』『保険・年金準備金』『債券』『投資信託』『株式・出資金』など日本の家計金融資産は一七四〇兆円以上もあるからだ」

だが、よく考えてほしい。これは日本国のお金ではなく、日本国民のお金である。そもそも国民の生命と財産を守るのが政府の役割であるはずで、こうした〝泥棒〟のような発想自体がおかしい。

私は、円が信認を失うのは、日銀が日本国債を消化できなくなったときだと考えている。二〇一六年三月末時点の日銀の国債等保有残高は全体の三三％以上に達し、このペースでいくと一八年中に五〇％に到達する見込みだ。

中央銀行が自国の国債を半分保有し、流動性を失くしている姿はどう考えてもまともではない。市場から日本の財政維持について疑義が生じるのは避けられない。だからそれを意識した日銀は九月二一日に、年八〇兆円の国債購入量の目標を撤廃したのではないだろうか。

あとは日銀が買い続けている国債の金利が跳ね上がったときである。それと同時に、国債は日銀のバランスシートにおける不良資産になってしまう。

マネタリストたちの意見

またこういう見方もできる。

日銀の黒田総裁、岩田、中曽副総裁、各委員たちはそれぞれそれなりに優秀なのだろうが、おそらく全員が致命的な弱点を抱えている。日銀上層部の誰一人として金融相場、金融市場の恐ろしさを、身をもって体験していないことである。要は自分の生命を賭して相場と向き合ったことがない、現実の鉄火場で相場と対峙したことがない。

だから、日銀は市場に出てくる国債をほぼ独占して買いまくるような馬鹿げたことを始めたわけだが、これは金融、相場のプロが一人としていない証左ともいえる。

日銀は史上初のマイナス金利の国債についても買い取ってきた。メガバンクの保有国債を吐き出させて買い取っていたのに飽きたらず、地銀保有の国債まで引き取った。

こうした日銀の尋常とは思えない行動が続くなか、一部のマネタリストから、「万が一日銀が国債の一〇〇%保有を達成すれば、論理的には政府は国債金利のほぼ一〇〇%を日銀に支払うことになる。となると、法律により日銀の収益は国に返納され、事実上、国の金利負担は限りなく軽くなる」という解説がなされた。マネタリストが続ける。

「数年前と違い、いまヘッジファンドは資金調達能力を高めている。仮に日銀が市場に流通する国債をほぼ全部買い取ったとしたら、もう日本国債の買い手は誰もいないのだから、彼らは一〇〇〇倍のオプションを使って売りまくる。早晩、日銀は木っ端微塵となる。現物の国債だけで価格が決まると考えているのは、世界の金融界のなかでも頭にカビの生えていると言われる日銀ぐらいであろう」

このようにマネタリストたちの日銀批判はいつも辛辣《しんらつ》なのだが、私は傾聴に値すると考えている。

政府紙幣を発行するぎりぎりのタイミング

本章で日本版ペッギングの向かう先は、間違いなく永久国債（一〇〇年物）の発行だと論じたが、このような利息のほとんど付かない状況で、金融機関がそれを買わなければならない合理性はすでに失われてしまっている。

それでも苦肉の策で政府は発行するから、ただでさえバランスシートがぼろぼろの日銀が引き受けるしかない。そういう馬鹿げた自作自演を行えば行うほど、日本の信用は失墜していく。

政府が永久国債を発行するタイミングは、国債に関する法律改正を行わなければならないので、明確にわかるはずだ。建設国債は財政法で、赤字国債は特別法によって発行されており、それぞれ六〇年をかけて償還される「六〇年ルール」が存在している。永久国債は一〇〇年償還だから、また新たな法律の制定が必要となる。

日本国債がデフォルト（債務不履行）をさけるためには永久に借り換えを続けることになる。つまり、永久に永久国債を発行し続けるのだ。その場合、私は永久国債を発行して日本という国家の信用を落とすよりも、「政府紙幣」を発行するほうがまだ合理性に適っていると思う。

その理由は、政府紙幣は財源が不要なので、いくら刷っても財政には反映しないからである。財政法の変更が必要となるが、たとえばそのプロセスはこうなる。政府が五〇〇兆円分の政府紙幣を政府保証で日銀に売る。それを日銀が市中銀行に貸し出す。銀行が企業に貸し出すという具合に、経済の潤滑油にしていくわけである。

ただし、政府紙幣の一番の弱点は〝担保〟が存在しないことだ。表現に問題があるかもしれないが、政府紙幣の仕組みは日本が戦時中に発行した「軍票」（軍用手票）や、古くは西南戦争時に鹿児島県周辺のみで流通した「西郷札」と性格が似ている。江戸時代末期の藩札もそうした性格を帯びている。

その結末はどうだったか。戦争で日本軍が敗れて、西南戦争で西郷隆盛が死んで、軍票も西郷札も経済的価値はゼロになってしまった。

担保を持たない政府紙幣を発行できる条件は、非常に皮肉ではあるが、ひとえに日本という国家の信認にかかってくる。政治、経済はまともに運営されているのかとか、国民はきちんと税金を納めているのかとか、通貨円での貿易額はどうなのかとか、すべてひっくるめて日本の信認次第である。その意味では、これまで日銀が行ってきた年八〇兆円の国債購入（事実上、無制限の国債買い取り）は政府紙幣を発行しているのと同じだと指摘する向きもある。

そして、その信認の源は通貨の決済機能のバックボーンとなる国の安全保障にある。日本が真に独立国とし日本円を死守できるかどうかもこの一点に収れんする。

現実にはここまで金融政策に行き詰まり、財政状態が最悪で、しかもプライマリーバランス・ゼロさえ実現できない現実を踏まえると、政府紙幣発行についてもタイミングとしてはぎりぎりであろう。もう遅すぎると言う向きもある。そこまで日本が追い詰められているのを知らないのは、安倍政権の言説に翻弄《ほんろう》されている日本国民だけであると断言しておこう。

日米のうち、先に破綻するのは日本である

『ドル消滅』を著した投資銀行家、リスク管理の専門家として知られるジェームズ・リカーズ氏は私が学んだジョンズ・ホプキンス大学の高等国際関係研究大学院（通称SAIS）の先輩でもある。

私はこの三月に東京に講演に訪れた彼と外人記者クラブで会った。リカーズ氏は『ドル消滅』のなかで、日米の財務当局は同じ特質を備えており、米国のほうが規模が大きいだけだと書いている。彼は次のように、辛辣《しんらつ》な指摘をしている。

「アベノミクスとFRBの貨幣増刷はどちらもデフレを回避することに熱狂的に集中しているが、日本でもアメリカでも基調をなしているデフレは異常な現象ではない。システムが借金と無駄な投資をしすぎて崩壊寸前になっていることを示す、正当な価格シグナルだ。

米国が住宅に過剰投資したように、日本はインフラに過剰投資した。どちらの場合にも、間違って配分をされた資本は、銀行のバランスシートを解放して、新しい、より生産的な融資ができるようにするために不良債権として償却しなければならないところまで来ていた。だが、そうした処理は行われなかった。

政治の腐敗と縁故主義のせいで、どちらの国の規制担当者も銀行幹部の雇用を保障する

とともに病んでいるバランスシートをそのまま封じ込めた。デフレを示唆する価格シグナルは、アスリートの痛みをステロイドでごまかすのと同様、貨幣増刷によって弱められた。だが、デフレは消え去りはしなかったし、これから先も構造調整が行われるまで消えはしないだろう」

リカーズ氏は日本も米国も同じ穴のムジナだと言いながらも、早く破綻するのは日本のほうだろうと続ける。

「米国は日本の見かけの成功に間違った勇気を見出して、日本のモデルを自国の量的緩和政策を評価する手段として使っているのかもしれない。だが、日本に見られるサインはまがいもので、より大きな貨幣錯覚と新たな資産バブルで構成されている。

日本は先に岐路に到達した。そして、アベノミクスを選んだ。FRBは日本の不況からの脱出とされるものをもっと批判的に検討する必要がある。日本と同じ道を選んだら、どちらの国も深刻な債務危機に向かうことになるだろう。唯一の違いは、日本のほうが先にそこに至ることかもしれないことである」（『ドル消滅』朝日新聞出版、354~355ページ）

構造的問題は金融的な対策では解決されない

リカーズ氏は、円の信認を失わせた決定打はアベノミクスであると言い切っている。これは私と同じ意見なのだが、彼はさらに深く切り込み、日銀が行ってきた貨幣増刷などの循環的対策は誤りだと重要な指摘までしているのである。

そして、そのことを早い時点で恐らく日本の金融界でただ一人理解していたのは「ミスター円」の異名を持つ元大蔵財務官・榊原英資氏であったという。リカーズ氏はこう述べている。

「榊原英資氏は、二〇年以上にわたる低い名目成長率にもかかわらず、日本人は個人的には裕福で繁栄してきたと強調した。そして、人口が減少するため、日本の人口一人当たりの実質GDPは実質GDP総額より速いペースで成長するという、概して見過ごされている点を取り上げた。

そして、こう結論づけた。デフレと人口減少と名目GDPの縮小を経験している日本は、悲惨な事態になるどころか、力強い人口一人当たり実質GDP成長率を生み出すことができる。この状況は、日本国民の蓄積された富とあいまって、ほとんどの中央銀行が経済に大量マネーを注入する必要があると判断するような弱々しい名目成長率のなかでも、豊かな社会を生み出すことができる」

リカーズ氏は次のようにまとめている。

「榊原氏のもっとも印象的な主張は、日本の成長の問題は構造的なものであって循環的な

ドル円相場　月足データ

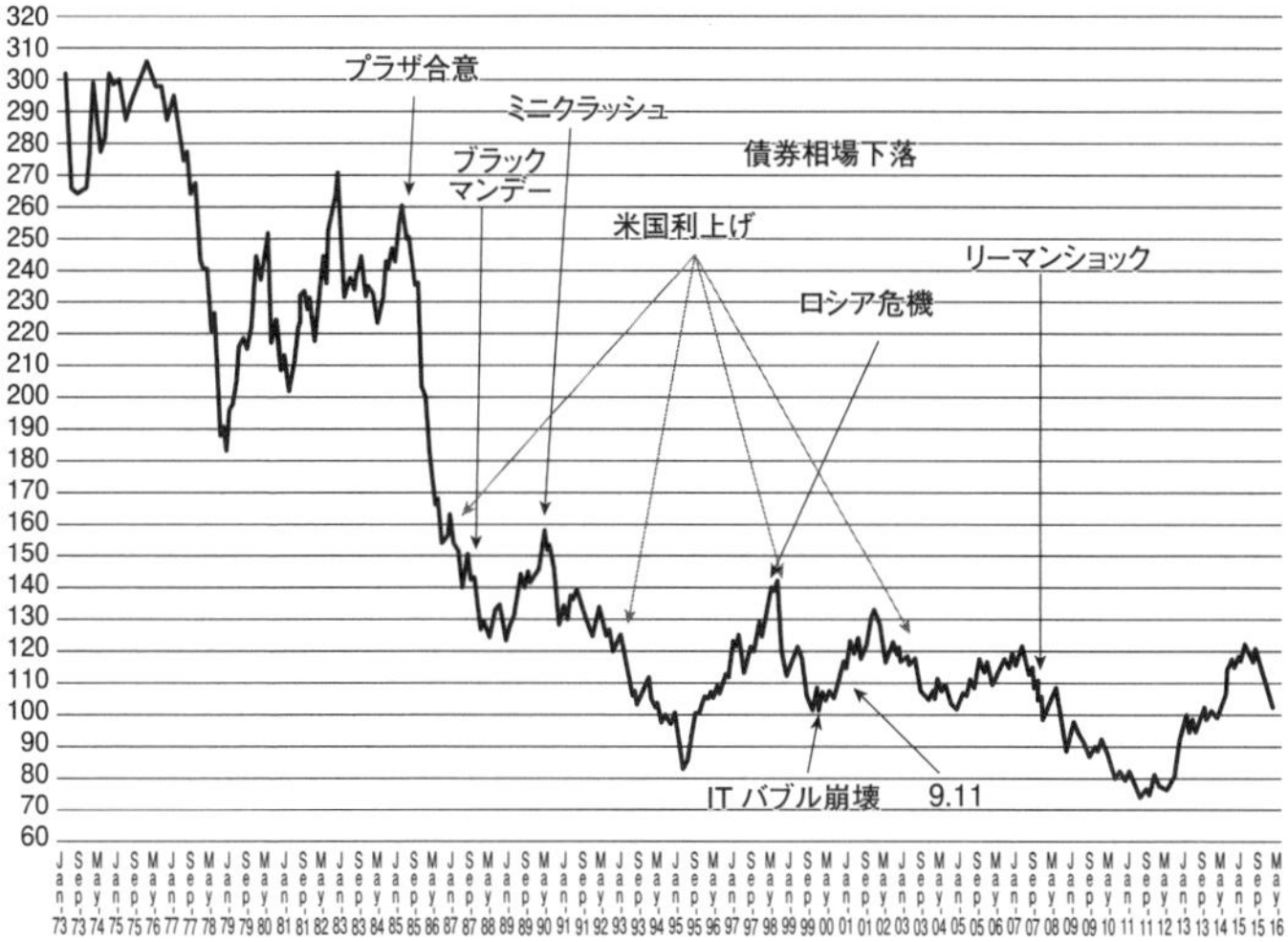

ものではなく、したがって貨幣増刷などの循環的対策は成功しないということだ。彼は日本のインフレ率が二％という目標値に達する可能性はゼロだと思っているのである。

構造的問題は金融的な対策では解決されないし、実質成長率のほうが名目成長率より重要だという榊原氏の明察は、日米両国の中央銀行に〝無視〟されている。

ＦＲＢと日本銀行は、投資家が自国の通貨か国債、もしくはその両方に対する信認をついに失うまでは、量的緩和という間違った対応策をできるだけ長く続けるだろう。日本という炭鉱の大きなカナリアは、この信認の危機に最初にみまわれることになるだろう」（『ドル消滅』３５１ページ）

ここでもリカーズ氏は、当然とはいえ、米国よりも早く日本の通貨、国債が信認を失うことを予測している。

すでに世界の賢明な投資家たちは、この榊原氏の明察に気付いているはずだ。政府・日銀は途方もない巨額にのぼる無駄玉を投げ続け、ついには日本国内の株式市場と国債市場を機能不全に陥らせてしまった。

あまりにも国の借金が膨らみすぎて、「借金をして借金を返している」状況は誰の目から見ても不健全だし、破綻からは回避できない。われわれに残された時間は僅《わず》かだと思う。

残された手段は預金封鎖と新円発行しかない

二〇一五年七月からギリシアで実施されているのが、国民の銀行預金の引き出し制限だ。一日六〇ユーロ（約八〇〇〇円）までしか引き出しができない。要は、ギリシアでは「現代版預金封鎖」が行われているのである。

ひるがえって、日本においても円の信認が失われた瞬間に行われるのが「預金封鎖」と「新円発行」であろう。日本政府は約七〇年前、すでにこの荒業を発動している。

一九四四年度末において国の債務残高の対ＧＤＰ比は戦費捻出で膨張し、現在の二三〇％を上回る、二六〇％に達していた。

終戦後の一九四六年二月、当時の幣原内閣はインフレ対策として、「金融緊急措置令」と「日本銀行券預入令」を発令して、預金を封鎖（旧円の引き出し禁止）し、新円の発行に踏み切った。新円の引き出し額は世帯主で三〇〇円、世帯員一人各一〇〇円という厳しいものだった（現在価値換算で世帯主一二～一五万円、世帯員一人各四万円）。

加えて、新円に切り替えても引き出し上限があった。折からのインフレにより、引き出し制限が解除されるまでに旧円の価値は暴落し、国民の大部分がほぼすべての財産を消失した。

預金封鎖は荒れ狂うインフレ抑制という目的があったが、「国民全員の資産を把握」するという別の目的もあった。その証拠に、この預金封鎖実施から僅か〝半月後〟の一九四六年三月三日に「財産税法」が施行された。

以下は財産税法の主な課税内容である。

一〇万円～一七万円の資産保有世帯は一律二五～四五％の課税
一七万円～二〇万円の資産保有世帯は一律五〇％の課税
一五〇〇万円以上の資産保有世帯は一律九〇％の課税

超過累進課税方式により、たとえば一五〇〇万円の資産を持っていた一家は一三五〇万円を召し上げられてしまったのだ。

財産税法による税収総額は約四四億円であったとされ、そのすべては内国債の利払いに充てられ、戦後復興に用いられることはなかった。

国の債務を帳消し、あるいは減額するために、国民の資産を容赦なく充当したのが約七〇年前の日本という国の姿であった。

こうして過去の日本が経験した悲劇を振り返ってみることで、国民一人ひとりがマイナンバーをふられた国民総背番号制が何を意味するのかが浮き彫りになってくる。

円と国債の信認が失われ、日本が国家破綻するならば、われわれがどんなに抗っても、政府は七〇年前と同様の荒業を仕掛けてくるに違いない。

統制経済の後に訪れるどん底

以上みてきたように、政府・日銀が着々と「統制経済」への地保を固めているのは疑いのないところである。

以下は、知人のエコノミストによる現状分析と予測だ。

「いまの日本経済は統制経済でなければ成立しない段階まで落ち込んでいる。数年前から政府・日銀は手を替え品を替えながら『官製相場』をつくり上げてきたが、いまは大胆で開き直っているようにも映る。おそらく今後、日本が生き残れるとしたら、中国式の統制経済でやるしかないと判断したのだろう。

しかしながら、統制経済を敷けば中国社会を見ればわかるように、賄賂《わいろ》や汚職が横行し、より貧富の差が拡大する可能性が高い。いまのままでは日本の大企業はすべて官営企業になってしまい、世界の投資家がまったく振り向かない市場へと沈む。

そうなったときには政府は、日本経済をここまで駄目にした官僚をパージする必要があるわけだが、はたして政府にそこまで勇気と度胸を備えた人がいるのだろうか」

いまのままではそういうシナリオも頷ける。

日本の一部上場企業が中国の国有企業的な色彩を帯びてしまえば、最悪の事態が待ち受けているはずだ。

中国のたいていの大手合弁企業には共産党から代表者を送り込まれる。それと同じような形で、日銀が筆頭株主となった日本の上場企業にも、日銀出身者や官僚、または政府や日銀の息のかかった人物が発言力を携えて乗り込んでくることが考えられる。

中国共産党が大手合弁企業に送ってくる人たちは以前と違って、米国のハーバード大などで学んだトップエリートであって、頭脳においても人脈においても日本の官僚たちを凌《りょう》駕《が》している。タコツボ化した縦割りの縄張り争いの世界しか知らない日本の官僚や、それと似たり寄ったりの政府や日銀のロボットのような人たちは、乗り込んでいった先の日本の上場企業の風土と業績を台無しにするのではないか。

日本のマスコミは株式市場にサーキットブレーカー制度を導入したり、株価が急落した上場銘柄の半数以上を取引停止にしたりした中国に対して、資本主義にあるまじき暴挙と非難したけれど、いまの官製相場をみていると日本がそうではない保証は見当たらない。市場の自由を奪っているという点では、日本も中国も五十歩百歩ではないか。

いずれにしても、円の信認が失われた段階で新円切り替えは必至であり、それは日本国の信頼がどん底まで落ちることを意味する。

そこで責任を取らされた戦犯たちが世の中から退場して初めて、新しい日本が誕生することになる。明治維新あるいは敗戦といった、一〇〇年、二〇〇年に一度訪れるとてつもなく大きな社会変動をわれわれは経験することになろう。それは否応なしに訪れる。

だが、われわれは失望することはない。

たとえ日本の市場が仕切り直しとなっても、優れた企業や起業家が全滅するわけではない。成長を目指す企業やイノベーションに投資するファンドは時の政府の規制や政治的混乱の中でも輝きを失うことなく、次の新しい時代で大きく飛躍するであろう。

第４章

すでにドルの覇権は終わった

オバマの失政と米国の総合力の減退

本書が出版される頃、米国の大統領選挙の勝者は、自身の抱負とそれを実現するための政策について米国国民に向かい熱弁をふるっているはずだ。

八年前に黒人初の大統領となったバラク・オバマは、米国に変革をもたらすと、今回新大統領になった人物など比べものにならぬほど、国民から熱狂的に迎え入れられた。就任直後のオバマ人気の勢いは凄《すさ》まじく、彼の「核なき世界」に向けた国際社会への働きかけが評価され、ノーベル平和賞を与えられたほどであった。そこまで期待されていたのだなと、いまさらながら思う次第である。

だが、オバマ大統領の八年間は、米国にとっては間違いなく苦渋に満ちた停滞の八年間であった。

上下院の議席の過半を共和党に奪われてから、オバマ大統領と議会の対立は深まる一方で、彼の構想は空回りを続けた。

貧富の差の縮小に挑むはずが、現実には貧富の格差は拡大する一方で、日常茶飯となった感のある黒人への迫害、射殺事件を見てもわかるように、人種差別も改善されていない。

超富裕層はますます富を増やすけれど、社会の底辺の人々はフードスタンプなどの政府補助を受けなくては暮らしていけない。

リーマンショック後、金融危機から経済を立て直す目的で財政刺激策や金融緩和で大ばんぶるまいした連邦政府がつくった財政赤字のツケは、当然、国民に回ってくる。そこで、政府が税金を搾り取るために選んだのは中間所得者層であった。賢明で勤勉な中間所得者層は増税に耐えるために、ムダな買い物を控え、生活防衛に勤《いそ》しまなければならなくなった。

こうした現実がドナルド・トランプを共和党大統領候補に押し上げる最大の要因だったのではないか。とりわけ中の下の所得層である白人労働者層は、本音でエスタブリッシュメントをやり玉にあげるトランプを支持してきた。中間層から転落する恐怖と戦う人たちは、民主党のヒラリー・クリントン候補はオバマ政権の延長にすぎないと認識しているはずである。

クリントンはメール問題や献金疑惑、トランプには数々の失言や女性蔑視など、今回ほど低レベルの大統領選は初めてだが、私がもっとも問題視したのはトランプが一八年間にわたり納税を逃れていた一件である。

外国人が母国から米国に移住する場合、何年か経《た》ってグリーンカード（永住権）を取得する。そして、さらに米国の市民権を獲得するには、米国民に最後の手続きとして裁判所で宣誓をする儀式が待っている。米国国民となる宣誓には大きなものとして二つの項目がある。一つは「外敵が攻めてきたら武器を持って戦う」、そしてもう一つは「税金を納める」である。この二つさえ守れば、移民は米国民として認められるのだ。

この「税金を納める」という宣誓を破ることは、重大な罪となる。だから米国では脱税に対する罰則が厳しい。トランプの連邦税未納問題は、米国国家契約の根幹に関わる逃れようのない致命的な失点である。

ところで、米国がこの八年間でドルの信認を失くしてきたのは、オバマ政権による戦略の大失策と無関係ではない。ドルに対する明らかな信認の低下とは、すなわち米国の国力の減退であり、軍事力を含めた総合力の落ち込みに起因している。

アラブの春以降、自他ともに認めてきた米国の「世界の警察官」という立場がどんどん怪しくなってきている。米国にしてみれば、警察官の地位を維持するために膨大な軍事費を投入してきたが、ここにきて限界に達したということでもある。

米国の財務状態の悪さは日本ほどではないにせよ、戦後最悪の状態にある。したがって、オバマ政権は米国の覇権をある程度弱めて中国と分かち合うという構想をスーザン・ライス国家安全保障問題担当大統領補佐官に託して、さまざまな角度から交渉を進めた。

二〇一三年六月に習近平国家主席が訪米してオバマ大統領と一週間という異例の長きにわたって会話を重ねた。その当時、米国の論壇にはもはや世界はG7ではなく、G2に突入したなどと勇み足を鼓吹する人たちまでいた。

二人の指導者の間で多くの密約が交わされたはずだが、それらすべてを中国側に裏切られる結果となったようだ。長年、国防大学の研究員を務めたマイケル・ピルズベリーの著作『China 2049』（原題：『The Hundred-Year Marathon : China's Secret Strategy to Replace America as the Global Superpower』）に詳しく記されている。

ピルズベリーは、「中国人は世界の頂点の地位を回復するという歴史的野望によって動いている……。しかしチャンスが訪れるまでその野望を隠す」と、中国の本質を見抜いている。そのうえで、米国は中国を軍事・金融面で支援したことが米国の最悪の誤りであると認識している。

はじめから中国は米国よりもはるかにしたたかだったのだ。一九七一年の米中接近を仕掛けたのは中国のほうであり、それから四五年間、米国が中国に騙され続けたことを赤裸裸に記している。

ニクソン大統領、キッシンジャー国務長官から始まり、以来CIA、国務省、国防省が揃って中国にしてやられたのである。そして、米国はいま衰退し、中国はますます独断的になっていると見ている。次期新大統領のもと、米国は中国から国家の技術資産を守り、軍事力を強化するだろう。現にクリントン氏の周囲にはネオコンの取りまきができている。米国のアジア政策もまた、対中政策を軸に大きく変化するはずだ。フィリピン、ミャンマーを配下におき、地政学上、米国に代わる中国はアジアの最大の覇権国家を目指している。軍事・金融面で中国はこの大戦略を着々と進めている。

一九七八年のドル危機を救ったボルカーFRB議長

こうして威信が揺らいでいる米国だが、ドルの信認についてはすでに一九七八年に赤信号が灯っていた。いまから三八年前のことだ。

ドル・インデックス（Dollar Index）という指標をご存知だろうか？

これは世界の金融市場の方向性を知るためにもっとも重要な指標といわれるもので、貿易量などを叩き台にして、ユーロ・円・ポンド・スイスフランなど相対通貨に対する米ドルの価値を総合的に弾き出した指数である。ドル円のように一通貨のみの為替レートに比べて、ドルの〝価値〟をより正確に算出できることで知られる。FRB（連邦準備制度理事会）とニューヨーク商品取引所が算出しており、われわれ国際金融に携わる者にとっては、もっとも頼りにするベンチマーク（指標）の一つである。

ドル・インデックス

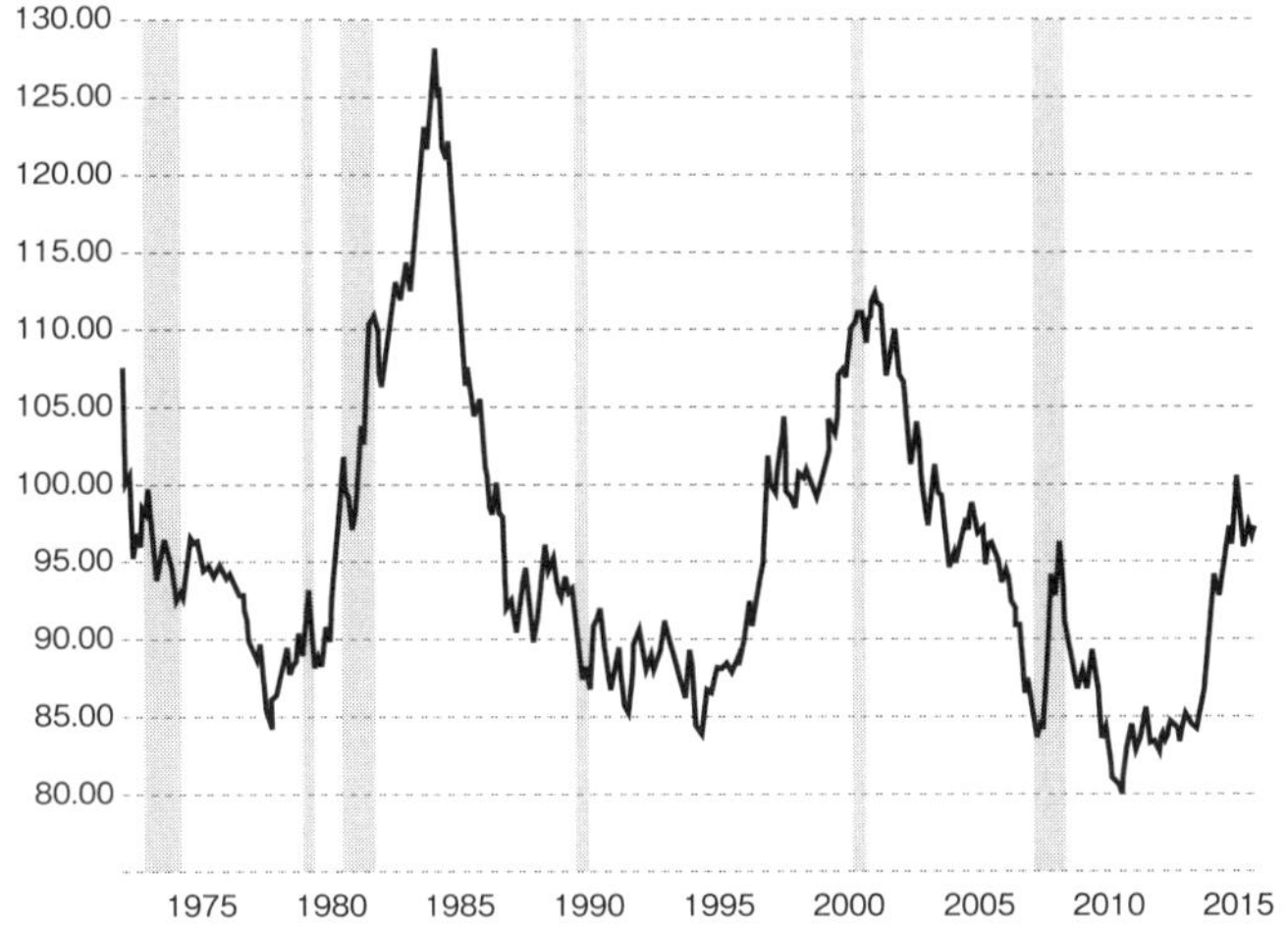

影の部分はリセッション期を示す

一九七八年、ドルは世界の基軸通貨としての座を失いかけた。一九七一年のニクソン・ショックにより金兌換制度を放棄した後、ドルの価値は漸次《ざんじ》下落していったが、七八年になっていよいよ暴落をみたのである。

リカーズ氏によると、「ドル・インデックスが低水準に落ち込んだため、米財務省はスイス・フラン建ての国債を発行せざるをえなかった。外国の債権者たちが、価値貯蔵手段としての米ドルをもう信用しなくなっていたのである。ドルの購買力は低下の一途をたどり、一九七七年から一九八一年の間に半減した。その間の米国の物価上昇率は五〇%を超えていた」（『ドル消滅』10ページ）

ドルに対する世界の信認が著しく下がるとともに、通貨の流動量も激しい低下をみせたため、IMFは動かざるをえなかった。

「IMFは一九七九年から市場に一二一億SDR（特別引き出し権）を投入することで、流動性を確保したのだ」


今日の米国人で一九七八年にドル危機が起きていたことを覚えている人はそう多くはないだろうし、ましてや日本人で覚えている人は僅かであろう。

そのまま大手術をしなければ、ドルは世界の基軸通貨、準備通貨の座から滑り落ちるはずであった。だが、カーター、レーガン政権下において辣腕《らつわん》をふるったポール・ボルカーFRB議長のおかげで、ドルは救済された。

一九七九年八月に着任したボルカー議長は、従来のFRBの金利操作による市場誘導政策を廃止し、マネーサプライを絞る政策へと一気に転換した。つまり、マネーサプライを縮小することが金本位制に代替する〝ストッパー〟になりえると判断したのだ。

その結果、解き放たれた金利は一九％まで上昇し、ドルは外資にとって魅力的な投資対象として復活を遂げた。一九八五年には、ドル・インデックスは七八年の最低水準から五〇％も回復したし、インフレ率も最大一三・五％から一九八六年には一・九％へとおさまっていった。これが世にいうところのボルカー・マジックである。
今年で八九歳になったボルカー氏、ゼロ金利解除後の二度目の利上げに二の足を踏むイエレンＦＲＢ議長をどう評価しているのだろうか。

ドル覇権は終わっていると宣したリカーズ

そのボルカー氏は、二〇〇九年に経済回復諮問委員会の委員長に就任している。彼が真っ先に打ち出したのが、大恐慌の反省から制定された「グラス・スティーガル法」の復活であった。

これは商業銀行と投資銀行（証券会社）の兼業を禁じるものだったが、サマーズ財務長官時代の一九九九年、グラム・リーチ・ブライリー法によって廃止された。このサマーズと前任者のゴールドマン・サックス出身のルービン財務長官が米国の金融システムに荒廃をもたらしたもっとも有害な二人であったことは論をまたない。ボルカー氏は四年をかけて、大手銀行の抵抗を乗り越えて、グラス・スティーガル法（ボルカー・ルール）の復活にこぎ着けた。

このボルカー氏ぐらいドルの信認の重要性を理解している米国の金融人はいないと思われるが、残念なことに、世界のなかでドルに対する信認は消え失せつつある。リカーズ氏は、ドルに対する信認低下の原因は、インフレとデフレの二重の不安であると解説する。

「すなわち、ドルはもう価値貯蔵手段ではなくなっており、保有者の制御のおよばない理由で、額面よりはるかに大きな価値を持ったりはるかに小さな価値しか持たなかったりする宝くじのようなものだというのが、多くの人が抱いている認識だ。金のパニック買いが発生したり、流動性を回復するためにSDRが緊急発行される事態になったりしたら、それは信認が急速に失われる段階ということになるだろう。

『不換通貨制度の安定には信認が不可欠だ』というボルカーの主張は正しい。残念なことに、現在、金融政策を担当している学者たちは、均衡モデルだけに注目して、信認を当然あるものと思い込みすぎているのである」（『ドル消滅』343～344ページ）

FRBの決定的な弱点がドル消滅を招くとリカーズ氏は結論づける。その理由は、FRBが、貨幣創造が不可逆的なプロセスになりうることを理解していないからだという。要は、勘違いしているのか、根拠なき自信過剰に陥っているのだ。

「ある時点で貨幣に対する信認が失われることも考えられ、そうなったらそれを元に戻すことはできない。元に戻すのではなく、まったく新しいシステムが登場しなければならないのだ」

今日のグローバル金融システムが抱えている問題の核心は、「貨幣ではなく債務である」と断言する。なぜなら、不履行になった債務に対する〝手段〟として、貨幣創造が使われているからだ。

「避けがたい崩壊が訪れたとき、損失は崩壊に責任がある者たち―銀行と債券保有者―に割り振られるのではなく、連邦政府の融資を通じて国民に回された。二〇〇九年から二〇一二年の間に、米財務省は五兆ドルの赤字を出し、ＦＲＢは一兆二〇〇〇億ドルの新規マネーを印刷した。銀行によるデリバティブの創造が縮小もされずに続くなかで、同様の赤字支出・貨幣増刷プログラムが世界中で開始された。民間の不良債権は、ごく一部しか損金処理されなかった」

また同氏は、中央銀行がインフレを求めているのにそれを達成できないという事実は、根底にあるデフレのしつこさのしるしである。デフレを退治するための貨幣増刷は、不換紙幣制度に対する信認の喪失という結果をもたらすかもしれないという。

ドルと国際通貨制度は表裏一体をなすものだから、ドルが崩壊したら、同時に国際通貨制度全体も瓦解するわけで、このダブル崩壊はますます避けがたくなっているとリカード氏は予告する。

「通貨制度に対する信認が失われたら、回復するのはまず不可能だ。新たに信認を生み出

金の対GDP比に対する中国のひそかな金取得の影響

国	金（トン）	金の市場価値（億ドル）※一オンス1,500ドルと想定	GDP（兆ドル）	金の対GDP比（%）
ユーロ圏	10,783.4	5,690	12.3	4.6
アメリカ	8,133.5	4,290	15.7	2.7
中国	4,200.0	2,220	8.2	2.7
ロシア	996.1	530	2	2.7
日本	765.2	400	6	0.7
インド	557.7	290	1.8	1.6
イギリス	310.3	160	2.4	0.7
オーストラリア	79.9	40	1.5	0.3
ブラジル	67.2	35	2.4	0.1
カナダ	3.2	2	1.8	0.01
計	25,896.5	13,657	54.1	2.5

出典：ジェームズ・リカーズ著『ドル消滅』

せる新しい基盤を持つ新しい制度が、おそらく必要だろう」（『ドル消滅』390ページ）

最後に同氏は、ドル崩壊後に世界が歩む三つの道を示している。

①IMFの世界貨幣SDR
②金本位制への復帰
③社会混乱をきわめる

ドルの代わりにSDRを使う動きは進行中で、IMFは一〇ヵ年で移行する計画であるとリカーズ氏は述べている。第3章で、人民元がSDR（特別引き出し権）の五番目の構成通貨に採用されたと記したが、彼によると、将来的にはドルの比重が減り、人民元が増えるという。

金本位制については、当然ながら、かつての金本位制がそのまま復活することではない。現在、金を担保にETFなどの証券が売り出されているのだが、実際には金の現物保有量の三〇〇倍にもおよぶので、どうしても「金塊のリバランス」が不可欠となってくる。

中国が公式発表の約三倍近くに当たる四二〇〇トンの金準備を保有しているのは周知の事実であり、世界第二の経済大国である中国の本格的な参加なしには、新たな国際通貨制度は生まれないともリカーズ氏は示している。

同じ中央銀行だがFRBと日銀とは別物

リカーズ氏は近い将来、FRBのインフレ誘導主義が破綻することでドルが市場の信認を失い、それは国際通貨制度をも破綻させると予測している。これは不履行になった債務に対する手段として貨幣創造をしゃかりきに行ってきた、リーマン・ショック後から続いてきた〝中央銀行相場〟が終わることを意味する。

私も中央銀行相場の季節が終わろうとしていることには同意するが、米国がおめおめとドルがつかみ取った主軸通貨、準備通貨の座を手放すとは思えない。逆に、米国政府は新たなるドルの覇権を画策しているというのが私の考察である。

それを理解するためにはまず、米国という国とFRBとの関係を再確認する必要があろう。そもそもＦＲＢとは何か？　恐らく多くの人が勘違いしていると思うが、ドルの発行権を有する米国の中央銀行とされるＦＲＢは、株式の一〇〇％を民間が保有する完全な民間銀行なのだ。

日本の中央銀行・日銀もジャスダックに上場する株式会社だが、五〇％以上の株式を日本政府が保有していることから、ＦＲＢと日銀はまったく別物と考えていい。ＦＲＢの株主についてはずっと公開されずに現在に至っている。このこと自体が異常だし、ある意味、米国という国家の本質がここに表れていると思う。

自国の通貨発行権を国際銀行家たちに牛耳られてきた米国

ＦＲＢの成り立ちについては、昨年上梓した私と政治評論家の片桐勇治氏との共著『この国を縛り続ける金融・戦争・契約の正体』のなかで詳しく論じているが、あらためてここでふれる必要があるだろう。

大づかみにいうと、米国は一七七六年の独立以来、ずっと自国の通貨発行権を国際銀行家たちに牛耳られてきた悲劇の国家なのである。

米国は独立宣言を出した後も、独立戦争は実際には以後七年間も続いた。この間、ヨーロッパの国際銀行家たちは植民地戦争を煽って、米英双方に金を貸して儲けた。そして彼らは実質的な独立を果たした米国の金融支配を目論んだ。そのためには自分たち民間銀行が、米国の通貨を独占的に供給する中央銀行を所有しなければならなかった。

そして米国の中央銀行となったのは、ロンドン・シティやニューヨークの民間銀行が画策して株式八割を保有するに至った合衆国第一銀行であった。これはのちに誕生したＦＲＢの構造とよく似ている。その後、中央銀行の更新期限が訪れ、通貨発行権を取り戻したい米国政府と国際銀行家たちとの攻防が繰り広げられ、一八一二年には米英戦争にまで発展した。

以上のように米国の草創期は、政府と民間中央銀行を仕切る国際銀行家たちとの攻防と戦争の歴史と言っても過言ではなかった。二〇世紀に入っても米国政府と国際銀行家たちとの相克は続き、米国は敗北を重ねた。

そして時代は移り、ＦＲＢ設立の時期を迎えた。ＦＲＢの成立過程については、元駐ウクライナ兼モルドバ大使の馬渕睦夫氏が著した『新装版　国難の正体』（ビジネス社）の内容が秀逸なので、以下、馬渕氏の文章を引用させていただく。

「……一九一三年一二月二三日、クリスマス前で多くの議員が出席しない米国連邦議会上院でほとんど審議されずに、中央銀行法（連邦準備法）が成立した。ポール・ウォーバーグ、ジョン・ロックフェラー、Ｊ・Ｐ・モルガン等に後押しされたウイルソン大統領が直ちに同法に署名、ＦＲＢ（連邦準備制度理事会）が成立し、翌一九一四年八月一〇日から業務開始となった……」（『新装版　国難の正体』112ページ）

なんとも姑息な話である。米国の公共機関であってしかるべき中央銀行がそんなドタバタ劇を経て民間銀行に委ねられることになったのだから。

馬渕氏はＦＲＢのポイントを以下の三点として挙げた。

①通貨発行権など米国通貨の管理は民間人が所有すること
②ＦＲＢの株主は民間銀行のみで、米国政府は一株も所有できないこと
③米国連邦政府は金（ドル）を必要とするとき、ＦＲＢに国債を買ってもらう（＝ＦＲＢに借金すること）

③について、馬渕氏は「最大のワナ」と記している。具体的に言うと、米国連邦政府がドルを必要としたとき、米財務省が国債を発行し、ＦＲＢにそれを買ってもらう手続きになるということだ。印刷されたドルでこの国債をＦＲＢが買った形にするのである。

つまり、民間銀行ＦＲＢは米財務省に印刷分のドルを貸し付けたことになる。米財務省にすれば、印刷分のドルをＦＲＢから借金した形になる。

国債には金利が付いているので、その分の利子をＦＲＢに支払わなければならない。自分の国の通貨を印刷するのに米国政府はＦＲＢに借金し、利子を支払うのである。

馬渕氏は、米国政府が財政赤字に陥る仕組みはここにあると指摘し、同時にドルは米国政府の負債によって創造される、ＦＲＢにとってはまさしく濡《ぬ》れ手で粟《あわ》の、「現代世界の錬金術」と喝破している。（『新装版　国難の正体』114ページ』）

これは国際銀行家が政府の〝負債〟によって政府への〝支配〟を強化するという意味である。

ＦＲＢの株主については完全に秘密だが、さまざまな情報を総合すると以下の銀行になると馬渕氏は指摘する。カッコ内は本店所在地。

・ロスチャイルド銀行（ロンドン）
・ロスチャイルド銀行（ベルリン）
・ラザール・フレール（パリ）
・イスラエル・モーゼス・シフ銀行（イタリア）
・ウォーバーグ銀行（アムステルダム）
・ウォーバーグ銀行（ハンブルク）

・クーン・ローブ銀行（ニューヨーク）
・ゴールドマン・サックス（ニューヨーク）
・チェース・マンハッタン（ニューヨーク）
（『新装版　国難の正体』１１８ページ）

ＦＲＢの中央銀行としての契約年限は九九年

結局、米国政府は一七八三年の独立戦争終結以来、三度にわたり国際銀行家たちによる民間銀行の支配を許してきた。三度目のＦＲＢが業務を開始したのが一九一四年八月一〇日であった。ただ、こうした国家の根幹を左右する通貨発行権を有する民間中央銀行には〝契約年限〟が決められてしかるべきである。

合衆国第一銀行の契約年限は二〇年だったし、紙幅の関係で割愛した合衆国第二銀行の場合も二〇年間であった。合衆国第三銀行にあたるＦＲＢについては密議で成立したことなので明示されていない。

だが、共著者の片桐氏はじめ国際社会における契約を熟知する人たちは、これはほぼ間違いなく超長期契約のなかでも最長の九九年だと確信している。具体的には、ＦＲＢが業務を開始した一九一四年八月一〇日を起算日とすると、二〇一三年八月九日が満期となり、その効力を失ったと考えられる。

ＦＲＢが効力を失効した、つまりＦＲＢが終焉《しゅうえん》となったことが一気に明るみに出れば世界を揺るがす巨大パニックになるのは確実である。したがって、さまざまな段階を経て、徐々に新秩序へと移行する段取りになっているものと思われる。国際社会における契約についての詳説は第6章に譲る。

これまで見てきたように、米国の通貨史とは「法定通貨」と「民間中央銀行発行通貨」、言葉を換えれば、「米国政府」と「国際銀行家たち」の長きにわたる闘いの歴史にほかならない。

振り返ってみれば、中央銀行を通さずに米国政府ドル（グリーンバックス）を発行したリンカーン大統領、同じく中央銀行を通さずに銀硬貨を発行したガーフィールド大統領は射殺され、さらに、一九六三年六月に財務省ドル発行（政府紙幣）に踏み切ったケネディ大統領も射殺された。

なぜ国際銀行家たちは非道な手段を講じてまで、民間中央銀行発行通貨を死守したかったのか。敢えて繰り返すと、通貨発行ほど〝儲かる〟ビジネスはないからだ。片桐氏があらためて、ＦＲＢのビジネスモデルとは何かを解説する。

「ＦＲＢのビジネスモデルとは、米国政府がＦＲＢに国債を買い取ってもらうことで、市中にFederal Reserve Note（ドル）が回るというシステムである。国債だから当然金利が発生する。ドルを市中に回らせるために米国政府（米国民）はＦＲＢに対して金利分を返済時に余計に払うわけである。

したがって、ＦＲＢはドルを刷ってさえいれば、寝ていても儲かる。これがプライベートバンク・ＦＲＢのビジネスモデルなのだ。そして、このドル発行システムをＦＲＢが米国民に提供することの担保として、所得税が創設された（米国民にとっては「させられた」）。国際社会において、国家の借款、賠償など国家間のお金のやりとりにおいて税（関税、塩税その他）や官営収益（日露戦争）が担保になることがある」

史上最大のＱＥを実施したＦＲＢの意図

ＦＲＢに中央銀行としての契約年限が決められていたとすれば、二〇〇八年に起きたリーマン・ショックの後の二〇〇九年あたりから、ＦＲＢがＱＥ（量的緩和）と称して二兆三〇〇〇億ドルを上回る途方もない量のドルを増刷してベースマネーをジャブジャブにした動機が解明できるのではないか。

それを決定したのは前ＦＲＢ議長のベン・バーナンキ。マネーをばらまいた彼は「ヘリコプター・ベン」の異名をとった。

いま考えてみれば、ＦＲＢの中央銀行としての契約期限が二〇一三年八月九日だったから、あのような大胆を通り越した大盤振る舞いのＱＥが実施できたのだ。もうあと数年で中央銀行の役割を米国財務省に明け渡さなければならなかったＦＲＢは、最後に華々しい〝実験〟を行ったわけである。

しかもバーナンキ前議長の学生時代の研究テーマが「大恐慌」であり、彼がその原因を流動性の不足にあったと結論づけていることを勘案すれば、あの世界金融史上最大のＱＥが実施されたのもうなずける。バーナンキ前議長は自分の理論が通用するのかどうかを試してみたかったのではないだろうか。


二〇一三年八月九日に契約終了を迎える前のＦＲＢの壮大な実験に、米国政府中枢は怒り心頭に発したと思われる。上院銀行委員会委員長のクリストファー・ドッド上院議員の主導で、予定よりも四年早くＦＲＢの権力を縮小するために動きだしたのである。ドッドは、新たな監督機関を設け、ＦＲＢが九十数年間独占してきた国内すべての銀行監督権限を移すという提案を挙げ、超党派で法案を通そうとしたのだ。

米国政府側は、バーナンキＦＲＢ議長のこの期に及んでのあまりに身勝手かつ野放図なマネーばらまきに我慢できなかった。一方、標的にされたバーナンキはドッドを説得するとともに、ガイトナー財務長官と一部の民主党上院議員を抱き込んで抵抗を試みた。

その結果、なんとか政府側の攻撃をかわすことに成功したが、二〇〇九年のQE1の大事な時期にバーナンキは政治工作に没入しなければならなかった。こうした経緯については、ニール・アーウィン著『マネーの支配者』に詳細に記述されている。

プラチナ硬貨発行をめぐる米国政府とFRBの闘い

FRBに対する米国政府の不信感の増幅は、こんなところにも現れた。

独立以来二三七年後、念願であった通貨発行権の奪取を目前にした米国側は二〇一二年末、FRBの量的緩和と通貨発行にブレーキをかけるためにある〝奇策〟を講じた。

以下は、二〇一三年一月八日付の東京新聞の記事である。

「財政の崖」第2幕　米大統領に奥の手　1兆ドル硬貨発行　債務の制約回避

【ワシントン＝久留信一】オバマ米大統領が政府借り入れの法定上限（債務上限）をめ

ぐる議会との交渉を回避する手段として、一兆ドル（約八十八兆円）のプラチナ硬貨発行を検討しているとの見方が広がっている。債務上限を、政府との財政赤字削減の交渉材料に利用しようとする野党共和党の動きを封じる狙いがある。

記念硬貨発行を想定した連邦法の規定では、プラチナ硬貨は財務長官がデザインや額面を決定できる。政府が一兆ドル硬貨一枚を鋳造し、中央銀行の連邦準備制度理事会（ＦＲＢ）に預ければ、一兆ドル分の歳出を決済することが可能だ。

交渉回避の秘策として米紙ワシントン・ポストが提案。金融政策を担うＦＲＢの権限を侵すとの指摘もあるが、財政運営を〝人質〟にした政治ゲームに批判的な国内世論は、硬貨発行を後押ししているようだ。

二〇一一年夏には債務上限に対する共和党の強硬姿勢で、米国が債務不履行（デフォルト）の危機に直面。米国債が格下げに追い込まれたことがあり、経済専門家も「法的には問題ない」と支持する意見が増えている。

大統領は昨年、政府が債務上限を自動的に引き上げられるようにする制度変更を議会に提案。五日のラジオ演説では「ツケを払うことで妥協するつもりはない」とあらためて強調し、「議会が上限引き上げを拒否すれば、世界経済は破滅の危機に陥る。危険なゲームを繰り返す余裕などない」と語った。

その手があったかと思うと同時に、ＦＲＢと米国政府の確執の闇はここまで深くて激しいものが横たわっていることを再確認させられたような気がした一件であった。日本ではあまり注目されなかった記事だったけれど、水面下で火花が散っている様子が浮かび上がってきたような感覚に襲われた。

たしかに当時の米国政府は「財政の崖」問題がひっ迫しており大変であった。だが、それよりも、撤収を目前にしたＦＲＢがあまりにも野放図な量的緩和を実施したのに業を煮やした政府・財務省が反撃に出たのだと私は捉えていた。

当時、かつて同じようにＦＲＢに楯突いて殺された他の大統領たちとオバマ大統領は違うと指摘していたのが評論家の苫米地英人氏であった。

「暗殺された大統領たちはＦＲＢを通さずに銀貨や紙幣を発行した。しかし、オバマ大統領にはプラチナ硬貨を一度ＦＲＢに預けるという工夫があった。ＦＲＢを敵に回さない配慮があった」

結局、このプラチナ硬貨発行はＦＲＢの猛反対で流されてしまったが、よくよく考えてみれば、この米国政府とＦＲＢの攻防は、ＦＲＢの中央銀行失効の約半年前のことであり、本当にぎりぎりまでパンチの応酬がなされていたことを物語っている。

通貨面でパラダイムシフトを狙う米国

米国政府がＦＲＢから通貨発行権を奪取するという悲願達成の日はおそらく二〇一三年八月九日であった。そして現在は、その権力の移行（表向きはＦＲＢの発展的解消）が漸進的に行われている最中と思われる。

だが、米国政府はゆっくりしていられない事情を抱えている。通貨発行権をようやくものにした米財務省はこれまでバラまかれたドル紙幣と新紙幣の交換にマックススピードで向かわなければならないからだ。

図表にあるとおり、米国債の償還が二〇一六～二〇一八年に集中している。しかも先進国のなかで利上げに踏み切ったのは米国のみだから、新興国に循環していた米ドルも米国へ大量に戻ってくるはずだ。

ここでもっとも重要なのは、現在、米国債を世界中でいちばん多く持っている国は日本だということだ。中国はすでに米国債の多くを売却して、金の買い込みに血道をあげている。

そして米国はどう動くのか。自国が生き延びるために、突如として、都合のよい通貨面でのルール変更を、いや通貨面でのパラダイムシフトを仕組んでくるはずである。一九七

公的に保有されている債券の償還期
（2014年9月末時点）

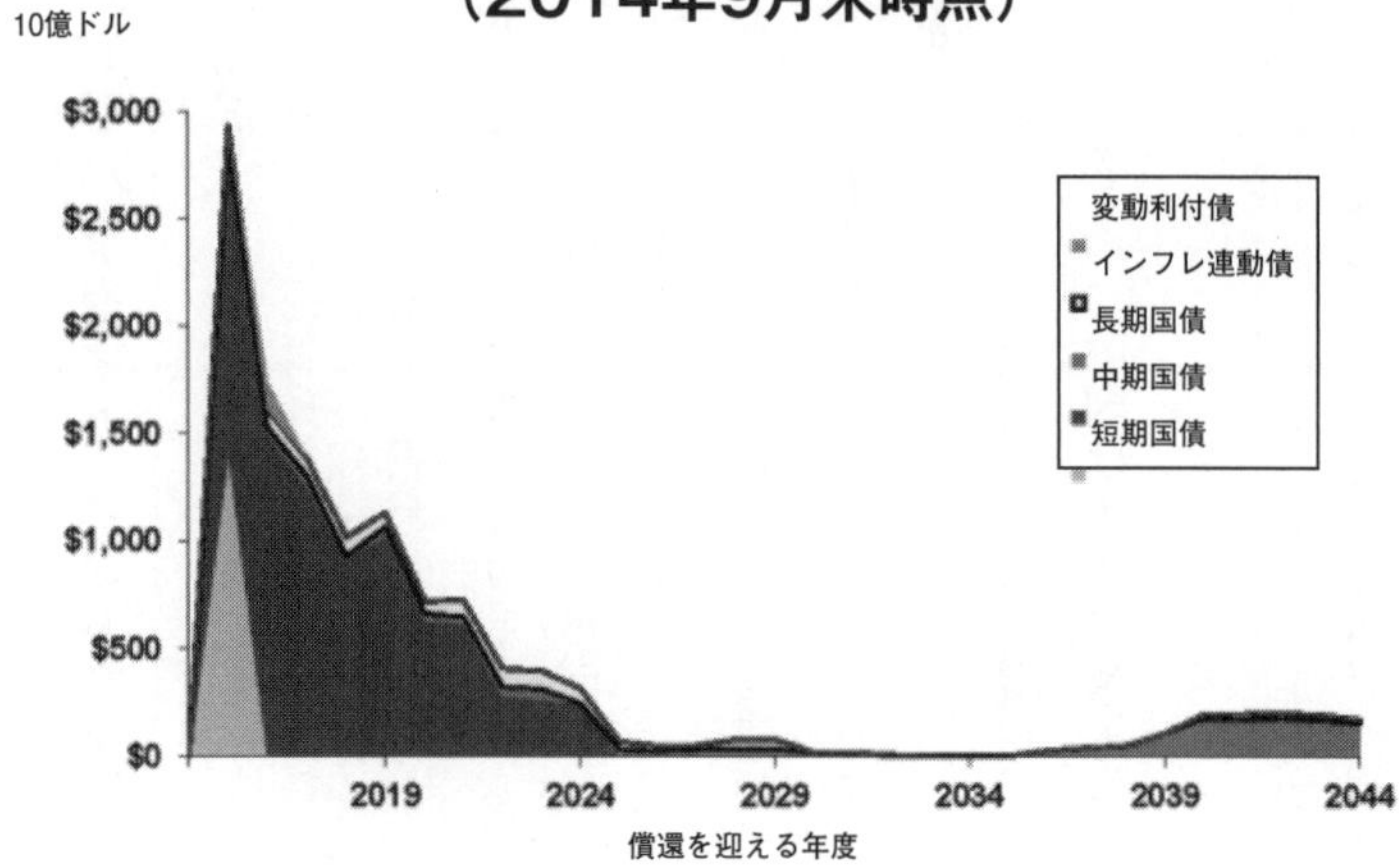

出典：GAO “Financial Audit”, Nov 2014 P.19

一年のニクソン・ショック、一九八五年のプラザ合意のようにだ。

一九七一年には米ドルはその裏付けとなる金（ゴールド）との交換を停止した。戦後確立されたブレトンウッズ体制は終わり、変動相場制へ移行した。そのうえには、泥沼化したベトナム戦争の終結をはかりたいニクソン・キッシンジャーの外交政策があった。

一九八五年には日米貿易戦争の終結を目指す米国は、円高への為替誘導で日本の輸出産業にとどめをさした。いずれのケースにおいても米ソ戦争下の米国には戦費が重くのしかかり、基軸通貨ドルの信用を保つためには通貨市場のルールを変える必要があった。

さて、パラダイムシフトのタイミングとしては、日本円と日本国債の信認が失われ、日本国内で七十数年ぶりの預金封鎖、新円切り替えが行われているときであろう。

仮にこのタイミングで一ドル＝一円のレートに変更すれば、一〇〇〇兆円の国債償還を米国は一兆円に圧縮することができる。ここまで極端にはならないけれど、それに近い形の急激な円高が今後起きる可能性は高いと思われる。あくまでも円とドルの間のレートだが。

ついでに日本は自国の借金をチャラにすることもできるわけである。そのときに日本政府は新円切り替えに踏み切るはずである。

第二日銀の誕生

通貨の切り替えと聞いて連想するのが、四〇年前に実施されたB円切り替えである。B円とは、一九四五年から米軍占領下の沖縄県や奄美群島で、通貨として流通した米国軍票のこと。一九五八年九月に米ドルへの通貨切り替えが行われ、B円は廃止されたが、当該地域においてはさほど混乱はなかったようだった。

日本が新円切り替えになったら、レートをほぼ拮抗させた新円とドルの二種が流通し、ドルのほうが闇では高く扱われるような状況が訪れるかもしれない。現在のベトナムは実質的にはベトナム・ドンと米ドルの二種の通貨が流通しているが、支払いのときには間違いなくドルのほうが喜ばれる。日本もそうなる可能性が高い。

なぜか。そうなったときの日本の扱いは、米国の五一番目の州のようなものだから、当然といえば当然なのだ。

いずれにしても、ここ二年ほどでドル円交換レートは確実に変えられる。ニクソン・ショックを上回る、前述したように驚くほどの円高になるのではないか。

先に記したように、仮にある日突然、一ドル＝一円のレートに変更するならば、それを契機にビットコインのような仮想通貨が流通する世界に変わる可能性が出てくる。なぜなら、そうすればわざわざお札を発行する必要がなくなり、交換比率を変えるだけで済むからである。米国の金融当局が仮想通貨に非常に強い関心を示していたのは、そのためだったのかもしれない。

一〇月一二日付の日本経済新聞に次の記事が掲載されていた。大見出しには「ビットコイン、通貨と同じ位置づけに」の文言が躍り、小見出しには、「取得時に消費税課さず」とあった。

……財務省と金融庁はビットコインなどの仮想通貨を買うときにかかる消費税を二〇一七年春をメドになくす調整に入った。仮想通貨をモノやサービスでなく「支払い手段」と明確に位置づける。事業者の納税事務がなくなるほか、利用者は消費税分の価格が下がって買いやすくなる。仮想通貨が「お金」としての存在感を増すのは確実だ。

年末の与党の税制調査会での議論を経て、正式に決定する。仮想通貨はネット上のみで存在する通貨で、ビットコインが最も多く流通している。

現在は専門の取引所でビットコインを購入する際に八％の消費税がかかり、利用者は手数料などとともに支払う。非課税になれば、購入時の消費税分の価格が下がるほか、事業者が消費税を税務署に納める手間もなくなる。「事務的な作業が大幅に減り、ビットコインの取引にかかる作業が円滑にできる」（大手のビットコイン事業者）との声があがる。

主要七ヵ国（G7）でビットコインに消費税を課しているのは日本だけで、金融庁は今夏の税制改正要望で、仮想通貨が消費税の対象かどうかをはっきりさせるよう要求していた。今年成立した改正資金決済法では、これまで法的な規定がなかった仮想通貨をプリペイドカードなどと同じ「支払い手段」と定義づけた。財務省は同法の定義に沿って、仮想通貨を非課税にする方針だ。

ビットコインを使える店舗は増えている。国内で取引所を運営するレジュプレス（東京・渋谷）によると、日本で買い物や飲食の支払いとして利用できる店舗は九月時点で約二五〇〇店。昨年同時期と比べて四倍まで増えた。同社は年内にも電気代の支払いにもビットコインを導入する予定で、ビットコインを決済に使える場所は急速に広がっている。

送金手数料がほぼゼロだったり、海外でも法定通貨を両替せずに使えたりするなど利点も多い。今回の消費税の非課税化を機に、決済手段の「通貨」としての利用者の増加に弾みがつきそうだ。……

そうすると、米ロックフェラー・グループに近いとされる三菱ＵＦＪフィナンシャル・グループが、仮想通貨取引所の米コインベースに出資したり、ブロックチェーン技術によるただ同然の国際送金システム構築に躍起になっているのが気になる。

ひょっとすると日銀が不良資産を抱えて倒産した場合、三菱ＵＦＪが通貨発行権を持つ準備をしているのかもしれないと指摘するエコノミストもいるからだ。

五五％の株式を政府が保有する日銀とて一企業にすぎない。日銀の株価の価値とは、資産の大部分を占める日本国債の価値にほかならない。国債の金利が暴騰して、価格が暴落すれば、場合によっては市場から退場することも考えられなくもない。

日銀が倒産した場合、第二日銀として、三菱ＵＦＪが通貨発行権を譲渡される日がやってくるかもしれないわけである。

なぜ三菱ＵＦＪにそのようなおいしい話が回ってくるのかは自明であろう。先にも示したように三菱グループが米ロックフェラー・グループに非常に近いことに収斂する。

二〇一八年に起きること

これまで歴史が織りなしてきた皮肉とそれに絡む符牒《ふちょう》を考察すると、通貨発行権をＦＲＢから奪取した米国が先に示した通貨面でのパラダイムシフトを強引に仕掛けてくる時期と日本の重大事とが重なる可能性が濃厚である。

その時期とは二〇一八（平成三〇）年、今上天皇が生前退位される年だ。

報道によると、政府は、天皇陛下から皇太子さまへの皇位継承に伴う重要な儀礼である「大嘗祭」を平成三〇年一一月に執り行う方向で検討に入ったという。天皇陛下が在位三〇年を節目として生前退位したいとするお気持ちだからだ。

いまから二年後の日本は金融政策の敗北により、昭和二〇年とは異なる焼け野原状態に陥っており、米国はその時期に照準を定めているはずである。そこには米国なりの冷徹な計算が働いている。

昭和天皇が崩御されたとき、日本中が悲嘆にくれたが、その当時の日本の経営者たちの落ち込み様はいまもはっきりと私の記憶に刻まれている。

みな異口同音に「心が空っぽになった」と吐露していたのだ。

焼け野原となった日本に帰ってきた人たちは一所懸命働いて、高度経済成長を実現してみせた。彼らが心の奥底で、戦後の日本の雄々しい復興を昭和天皇のためにという気持ちを抱いていたのは想像にかたくない。

だから、今度の平成天皇の生前退位も、日本人の心に大きな変化を与えるのではないかと思う。米国の戦略としては、日本が一番弱っているときにパラダイムシフトを行ってしまうつもりなのだろう。

悪くすれば円という通貨はなくなり、あるいはドルと円が混在する、あるいはTPPがよみがえれば共通通貨が登場してくるように、日本にとって二〇一八年は節目の年になるはずである。

第5章

金融戦争勃発！～通貨の覇者

九・一一同時多発テロで大儲けした連中がいた

一九八五年にフルブライト奨学生として米国に渡った私は、ニューヨークのムーディーズという格付け会社を皮切りに、以来、ウォール街に身を置いてきた。

二〇〇一年九月一一日、私はやや遠目ながら、テロリストに乗っ取られたユナイテッド航空とアメリカン航空の旅客機二機がワールド・トレード・センターに突っ込んでいく光景を目の当たりにした経験を持つ。

この凄惨《せいさん》このうえない事件は、深い悲しみと怒り、強い愛国心がないまぜとなった複雑な感情を米国民にもたらすことになった。

やがてCIAは大惨事の直前にアメリカン航空とユナイテッド航空の株式のオプション取引を行っていた人たちがいるのを突き止めた。この二社の株価が絶対に下がるという確信を持ってオプションを振り、大儲けした連中がいたのである。

テロリストたちの仲間に違いない、とCIAは踏んだ。この悪党たちは〝確実〟なことに賭け、〝確実〟に儲けられる魅力に抗えなかったのだ、と。

そいつらを探しだせとCIAがプロジェクトチームを編成し、その共同プロジェクト・マネジャーに就任したのが、本書にたびたび登場してくるジェームズ・リカーズ、その人であった。彼はウォール街とヘッジファンドを渡り歩いた金融のプロ中のプロだ。

実際にＣＩＡ情報本部が行ったのは、自分たちでヘッジファンドを編成し、運用してみることで、テロを示唆するインサイダー取引を探し出す、そんなシステムを開発することであった。そして、リカーズたちはそれに成功した。

二〇〇六年八月、リカーズたちはそのシグナルを検出した。ここにも確実なことに賭け、確実に儲けられる魅力に抗えなかった悪党がいたのだ。シグナルが現れた日から三日目、アメリカン航空機爆破テロを計画していた者たちがロンドンの地でスコットランド・ヤードに逮捕された。

私も金融こそが現代の戦争であり、金融戦争の目的は地政学的な優位を追い求めることだと考える一人である。金融戦争の目的は金銭的利益ではなく敵を崩壊させることである。これは戦争と金融が一体化してしまっていたサバイバル・ゲームなのだ。

リカーズ氏は金融戦争の現場から、二〇一二年七月から一年間続いた対シリアの経済制裁で、シリアのインフレ率が年二〇〇％に達したと報告している。リカーズ氏の発言が重いのは、彼がそうした金融戦争の現場を実際に体験した人物であるからだ。残念ながら、日本の金融専門家にそうしたリアルな体験を積んだ人はいないはずである。

そして私が言いたいのは、九・一一同時多発テロが起きたとき、世界はとっくに金融戦争の時代に突入しており、米国は中国に後れをとっていたという事実である。

二一世紀は金融戦争の時代

百年単位で歴史を「戦争」というキーワードで切りとってみよう。戦争の形は時代の変遷とともに変化を遂げてきた。一九世紀は化学の時代であった。ノーベルの発明したダイナマイトにより戦車隊を武器に、「第一次大戦」ではきわめて悲惨な地上戦が繰り広げられた。

二〇世紀は物理学の時代で、航空機など空を支配する者が戦争の覇権を握った。しかも武器は火薬から核兵器へと変わり、日本に原子爆弾が投下され、「第二次世界大戦」は終了した。

われわれ国際金融にかかわる者たちは、おそらく一般の人たちとは異なる認識を抱いている。それは一九八〇年代に始まったレーガノミクスから二〇〇八年九月のリーマン・ショックまでの間を「第三次世界大戦」と捉えているからである。

大づかみに言えば、一九八九年にベルリンの壁が崩壊し、九一年にソ連が自己崩壊したことで冷戦構造は終わり、その後、米国を上回る経済力・軍事力を持つ国はなく米国は独り勝ちした。二一世紀に入り、米国主導のグローバル化、国際金融の枠組みが構築された。

しかし、二〇〇一年の世界同時多発テロを機に、米国は「テロとの戦い」を進め、戦費が拡大した。国内は住宅バブルに湧いたが、二〇〇八年のリーマン・ショックにより米国は世界同時多発金融危機を引き起こした。そして、二〇〇九年以降、米国の「一国覇権主義」が変容していった。巨額の戦費は政府債務となり、財政を圧迫した。さらにリーマン・ショックで民間投資銀行はひん死の状態となった。この金融危機以降、国家資本主義が台頭し、先進国では中央銀行と政府による統制経済の様相を呈している。

二一世紀は生物学の時代と位置づけられている。細胞、生命、バイオテクノロジーに関する研究が飛躍的に進んだ結果、今後、「第四次世界大戦」が起こるとすると、生物兵器を使ったウイルス・細菌戦争になるのではないかと予想されている。

かつて流行したエイズやO157、あるいは鳥インフルエンザ、現在猛威をふるっているジカ熱など世の中にはさまざまなウイルスや細菌の脅威が存在している。これらをバラまかれてしまえば、誰が仕掛けたのかまったくわからないうちに大量死が起きるのだ。

しかもこうした武器は安上がりだから、コストパフォーマンスの良い汚い戦争になると言われている。シリアやISでの化学兵器の使用が問題視されているが、それ以上に人類の歴史上、人間の尊厳がこれほど脅かされる時代はない。

細菌やコンピューターウイルスをばらまくという意味で、二一世紀は目に見えないものと戦う時代である。金融市場での戦いもある意味、目に見えない戦争である。リカーズ氏によれば、戦争の一つの目的は敵の意欲と経済的能力を低下させることだ。意外に思えるかもしれないが、市場を攻撃することで富を破壊する戦略は敵の能力を奪う点で、敵の船舶を撃沈することより効果的なことがあると述べている。

そして中国の軍事ドクトリン（基本原則）は、米国よりもかなり前から金融戦争やサイバー戦争を掲げている。

一九九五年、そのルーツとなる論文を発表したのは、北京軍事科学アカデミー元戦略局長、王浦峰少将だった。

「近い将来、情報戦争が戦争の形と未来を支配するようになるだろう。われわれは情報戦争というこの発達中のトレンドを認識し、それを中国の戦闘即応能力近代化の推進力とみなしている。未来の戦争で勝利を得るためには、このトレンドがきわめて重要になるだろう。（『ドル消滅』69ページ）

その後の一九九九年に出版された中国軍大佐の喬良と王湘穂による戦略研究の共著『超限戦：全球化時代戦争域戦法（制限のない戦争：グローバル時代の戦争と戦略）』は、二一世紀の戦争そのものがいかに本質的に変わったか、今後安全保障のあり方がいかに変わるのかについて記した名著で、ピルズベリー氏も賞賛している。ＣＩＡ、国防省、国務省、そして中国関係の学者たちは皆こぞってこの名著を学習したのだ。

ネット上が二一世紀における最大の戦場となる

これまでの戦争は目に見える形であった。有限の目標、すなわち国境とか領土とか物理的攻撃手段とか、戦場がどこにあるか、誰が戦っているか、それらが明確だった。

しかしながら、二一世紀の戦争では、すべてそういう枠組みがなくなってしまう。サイバーウォーズ、つまりネット上のハッキング、あるいは生物・化学・放射性物質をまき散らして、目に見えない形で人々を死傷させるものに変わった。敵がどこにいるかわからないことが人々を恐怖に陥れる。

あらゆる種類の「ウイルス」が二一世紀の戦争の象徴となる。その最大の攻撃のターゲットとなるのが決済機能を内包する金融市場である。言うまでもなく、金融は貿易、資源にも密接につながっている。おそらく米国よりも早い時期に中国が金融戦争を意識したのは、欧米の銀行やヘッジファンドに席巻された、一九九七年に発生したアジア通貨危機の経験からであろう。

私は二一世紀における最大の戦場はネット上にあると思っている。空間を越えた「サイバーウォーズ」が貿易、金融、通貨、資源をはじめとするすべての領域において、そしていままで非軍事的だと思われていた分野でも絶えず起こるのだ。

サイバーウォーズにおいて特に重要な分野がITと金融で、これは「フィンテック」と呼ばれ、非常に相性の良い組み合わせとなっている。この分野で戦いが起こる際の破壊力は、何百兆円の被害を及ぼすほど非常に強力だ。

世界大恐慌を起こせば、戦争で一国を焼け野原にするのと同じくらいのインパクトがある。また、テロリストがITと金融を駆使し、実際の金融危機を起こすとなれば、国家もまたそれを武器にするはずだ。オサマ・ビン・ラーディンを追い詰めるのに最も有効だったのは、彼の資金を封じ込めることであった。このように、これから起こるすべてが国家間のIT、金融の分野に関わってくる。

いま変わろうとしている米国

それでは二一世紀における変化はどのように起こるのか。「地政学の七階層」という図式を用いて説明しよう。これは国家も含め、あらゆるヒエラルキー・組織論に当てはまる枠組である。若き地政学者、奥山真司氏が『世界を変えたいなら一度〝武器〟を捨てまおう』（二〇一二年フォレスト出版）で詳しい解説をしている。

国際金融の上で「地政学の七階層」を応用しつつ、そのパラダイムシフトについて述べてみたい。

まず層のトップには「世界観・ビジョン」がある。その下に「大戦略・グランドストラテジー」がある。国家の場合、その下の「統治政府・ガバメント」が政策（ポリシー）をつくり、実施していく。

地政学では戦略といえば「軍事戦略」だが、もっと幅広く金融政策や通商貿易などの分野でも戦略がある。その下には、もう少し具体的に、どういう「作戦・オペレーション」を立てるのかという「戦術・タクティックス」がある。一番下は「技術・テクノロジー」で、これはデイリーの作業となる。このように抽象的な世界観から具体的な作業、実務まで落とし込む組織のロジックが存在する。

「七階層」を国家について当てはめると、一番わかりやすいのが米国であろう。

米国は建国の理念からして明確なビジョンを掲げてスタートした。メイフラワー号で英国本国での宗教的な迫害から逃れてきたピューリタンは、自由な国、自由な経済活動を実現するのだと神に誓約し、国家を建設した。これが米国という人工国家の出発点であった。

よって、米国はピルグリム・ファーザーズの国家観、世界観に基づいて、自由な貿易を

地政学から見た戦略の7階層

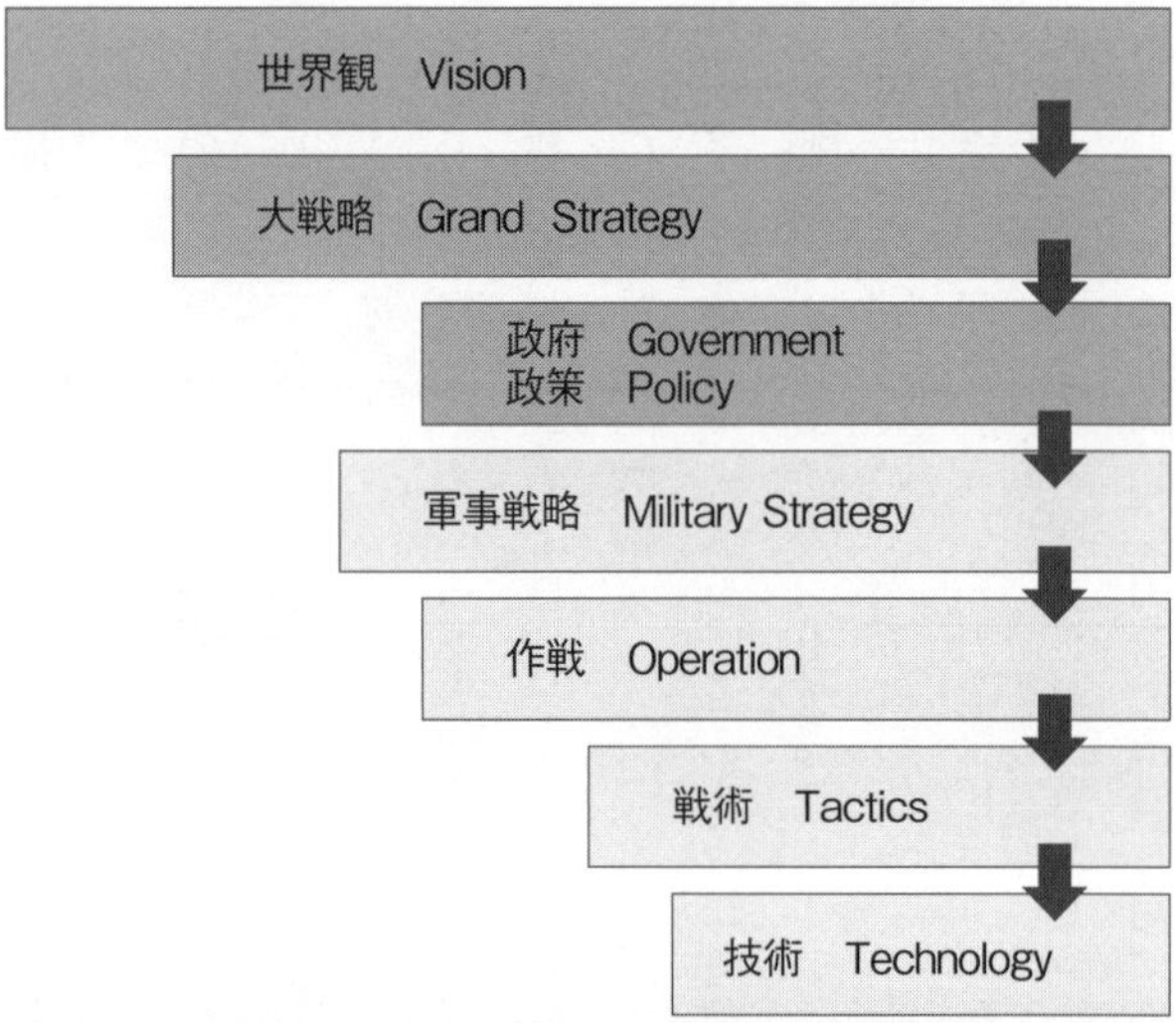

国家、金融、経済、政治の体制が変わる

・人々の世界観や哲学が変わる
・指導者の世代交代
・イノベーションにより、資源の価値が変わる
・資源をめぐる国際関係が変わる
・各国の外交政策の基軸が変わる
・利害調整メカニズムが変わる
・貿易・金融システムの調整が行われる

金融は国家の屋台骨であり、国家の大戦略の中核をなす。金融政策は国家が優位性を保ち、持続的なコントロールを勝ち取るための手段である。

出典：奥山真司著『世界を変えたいなら一度“武器”を捨ててしまおう』をベースに著者作成

推進し、さらには民主主義を世界に広めていくという大戦略を一貫して掲げている。

政府を率いるのが共和党だろうが民主党だろうが、国家の大戦略は一貫している。そして、大戦略の下に軍事や金融、それぞれの分野での戦略がある。米国としての意思決定、世界観に基づく行動原理が一貫して世界をリードし、国際関係や安全保障、貿易、金融政策が施行されていく。こうした枠組みとメカニズムにいま、大きな変化が起きている。


どのような変化なのか？

まず、地政学の観点から、変化のメカニズムに言及しよう。二一世紀には指導者の世代交代によって世界観・ビジョンが変わってきたのだ。新しい考えや価値観を持った若い世代が支配的な地位に就き、自分たちのビジョンを大戦略にインプットしている。戦後七〇年ともなれば、現在の世界の指導者も四〇代、五〇代で戦後生まれである。

そして、もう一つ重要なのは技術革新、イノベーションである。インターネットによるＩＴ革命、さらに進んで、エネルギー革命を経て、既存の資源価値が変わってきているのである。

たとえば、二〇世紀は石油の時代だった。石油を原料として、自動車が走り、飛行機が飛び、石油を基軸とした産業関連が発展した。米国は中東産油国の安い原油を求めてきたが、二一世紀初頭からのシェール革命によって米国国内に眠る資源エネルギーが価値をふき返した。米国は今や原油輸出国に転じている。さらに太陽光や風力、水源など、新しい資源エネルギーが多様化し、これからの産業構造の革新へと連動していく。米国にとって、原油安で中東産油国の位置づけが変わり、資源を巡る外交政策の機軸や国際関係も目まぐるしく変化している。

私は国際金融の分野で仕事をしているが、国や政府にとって、金融は自分たちが優位性を保つための、そして、競合他国に対してコントロールを勝ち取るための手段になっている。その意味では、世界はすでに「国家金融資本主義」が互いにしのぎを削る構造となっているのである。

国際金融市場で変化が起こる際には、その大きな枠組みの変化の局面を見る必要がある。典型的なのは米国で、戦略的にＦＲＢを動かし、ＴＰＰを進め、中国が主導するＡＩＩＢ（アジアインフラ投資銀行）に対抗する措置を取ってきた。米国の新たな覇権主義の一環としてＦＲＢの金融政策をとらえる必要があるのだ。

米国はオバマ政権下、軍事勢力をイラクやアフガニスタンから撤退させた。直接的に軍事支配するのではなく、「オフショア・バランシング」の外交・安全保障政策へと転換した。軍事力に代わる支配の手段は通貨である。

そのうえで、本書で伝えてきたように、米国政府とFRBの間には常に緊張感が横たわっていることを踏まえなければならない。

通貨政策がもたらす予期せぬ悪影響

もう一つ、世界金融戦争におけるなかで重要なのは、通貨が相手国との通商貿易を通して、双方に予期せぬ経済現象をもたらしてしまうことである。

その代表に挙げられるのが、二〇〇八年のリーマン・ショック後、FRBが野放図にドルを大増刷したことによる悪影響だろう。

これにより為替相場メカニズムを通して、米国から貿易相手国にインフレが輸出されたとリカーズ氏は当時を振り返る。

「二〇〇八年以降のFRBの金融政策の根強い謎は、米国の消費者物価が上昇していないことだ。それどころか、二〇一三年には、持続的なデフレの兆候が現れ始めたのだ。

中国やブラジルなど米国の貿易相手国は、自国通貨が米ドルに対して増価するのを防ぐことによって輸出を促進しようとしていた。FRBがドルを増刷すると、これらの貿易相手国は、貿易黒字や投資という形で自国経済に入ってくる大量のドルを吸収するために自国通貨の供給量を増やさなければならない。貿易相手国のこの貨幣増刷政策は、それぞれの国の経済にインフレを発生させる。米国はこれらの国から安価な財を輸入することになるので、米国のインフレは緩和される。

二一世紀の冒頭から、世界全体に自然なデフレ・バイアスが見られ、とりわけ米国ではそれが強かった。米国は当初このデフレを、豊富な労働力によって生産される安価な財という形で中国から輸入していた。人民元が過小評価されていたため、中国の財の米ドルでの価格が、経済のファンダメンタルズ（基礎的条件）が決定する値より低かったことも、それを促進した。このデフレ・バイアスは、二〇〇一年に顕著になった。この年、米国の年間のインフレ率は、明白なデフレに危険なほど近い一・六％に低下したのである」（『ドル消滅』109〜110ページ）

デフレを死ぬほど嫌っていた当時のＦＲＢグリーンスパン議長は、大幅な利下げでそれに対処した。二〇〇二年から三年間、一％台の超低金利政策を採ることにより、ＦＲＢはデフレを振り払うことに成功した。

ところがそのプロセスにおいて、ＦＲＢはもっと厄介な問題を抱えてしまった。グリーンスパンが景気回復のために打ち出した超低金利政策が住宅バブルに直結、このバブルがサブプライムローン・ショック、そして二〇〇八年のリーマン・ショックへと連結していったわけである。

米国は未曽有の金融パニックに陥り、実体経済にも破壊的な影響をおよぼし、数千万人の雇用者が中間層から下層への転落を余儀なく経験することになった。

戦後レジームが終焉した日本の今ある危機

いま急速に浮かび上がってきている新たなる世界の構図が「２＋１極」構造である。「２」はユーラシア大陸と南北アメリカ大陸、「１極」はその両方にかかわる日本である。日本がこれまでの世界におけるスイスの役割を引き継ぎ、相対する世界の真ん中で、平和、独立、中立な国家として二一世紀に輝ける国として生き残ってほしいと私は望んでいる。

だが、日本がスイスの後継者としてクリアすべき課題は多い。あとで解説するが、ようやく「戦後レジームが終焉」したいま、われわれ日本人はこれから何をすべきか、どのように成長を支え、持続的に国を守っていくかを真剣に考えなければならない。

私は、日本が戦後七〇年の長きにわたり平和だったこと、そして繁栄を謳歌《おうか》できたことは神業というくらいラッキーだったと思う一人である。

ところが、せっかくスイスの役割を引き継いだ格好の日本の外交姿勢は依然「戦後レジーム」のままである。

見えて来た！　「2＋1」極構造

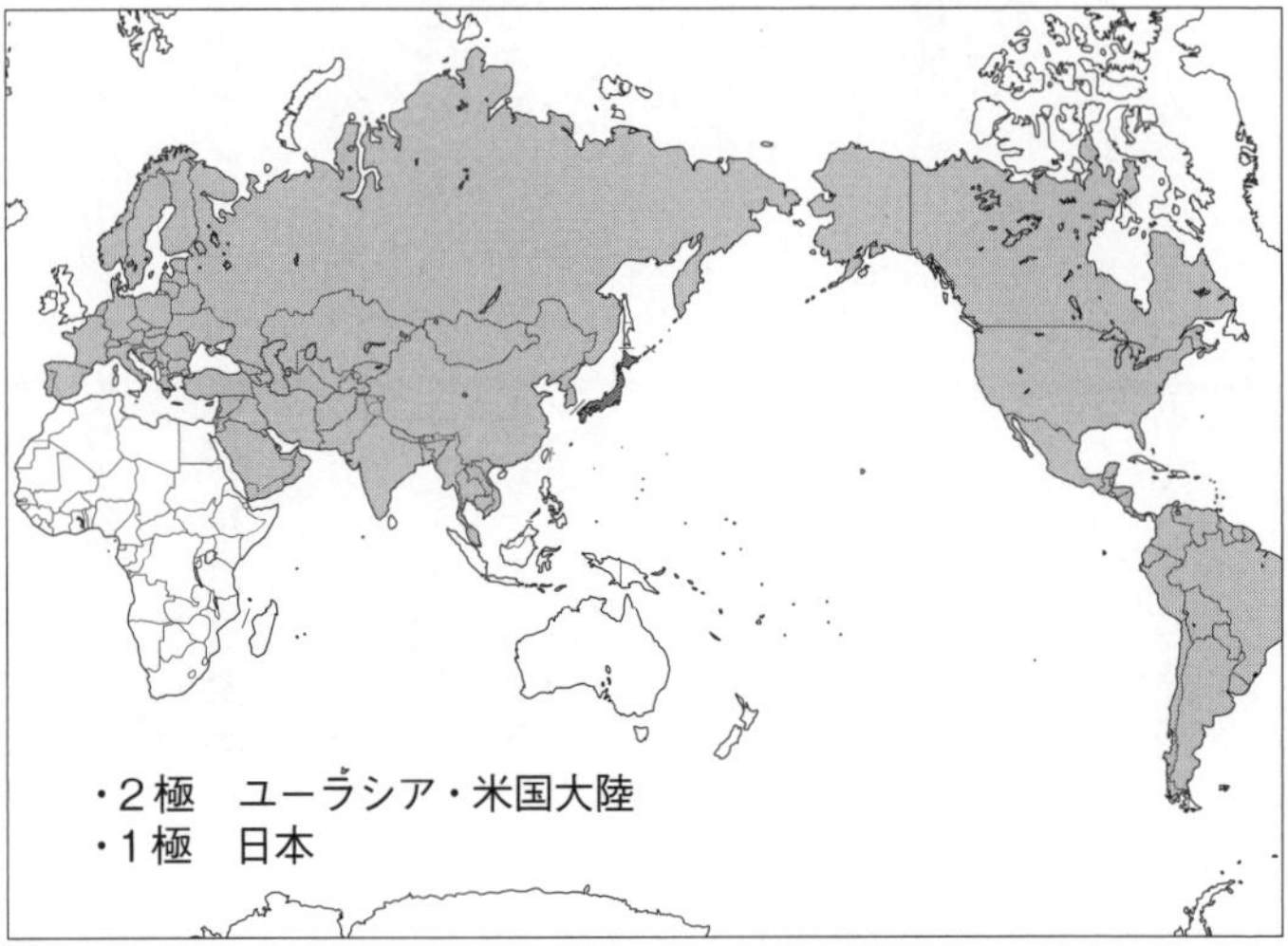

ちょっと背筋が寒くなるくらいの状況になっている。一言で表すならば、国際政治感覚がずれまくっているのである。

二〇一五年四月、歴代の日本の首相として初めて米上下両院合同会議で演説した安倍晋三首相を日本のメディアは絶賛していたが、米国のメディアの受け止め方は異なっていた。同時期に発生したボルティモアでの暴動、ネパールの地震がメインニュースで流され、安倍首相の扱いはことのほか小さかったのだ。

安倍首相は「戦後レジームからの脱却」を目指すと言いながら、実は戦後レジームをさらに〝強化〟していく方向に動いているとしか見えない。新しい方向性、自主独立的な方向性を考えているという姿は、昨年の訪米時には露ほども見られなかった。

米国が「オフショア・バランシング」を遂行し、世界の勢力図が大きく変動するなか、従来路線だけでは日本は自主・独立・平和な中立国家にはなれない。この危機意識が日本に欠けているのではないか。

安倍政権の外交・安全保障を見ていると、あまりにも慎重さに欠けていて、もはや孤立状態になりつつある。

通貨覇権を見据えたＢｒｅｘｉｔとＡＩＩＢ

二〇一六年六月二三日、英国は国民投票の結果、ＥＵ離脱（Ｂｒｅｘｉｔ）を選択した。

表向きは、ＥＵ本部の管理から英国の自主権を取り戻したいということと、英国のなかでのロンドン・シティの独り勝ちに反発する一九八〇年代から二〇〇〇年代に生まれたミレニアル世代やグローバル化の流れに取り残されて職場を失った労働者階級の怒りから生まれたものとされている。だが、私は今回のＢｒｅｘｉｔを金融戦争の視点から考察している。

もともと英国はＥＵに加盟しても統一通貨ユーロに参加しなかったように、北海油田を擁する資源国・英国の通貨ポンドは、為替面ではユーロとは〝正反対〟の動きを示してきた。そんな英国自身、欧州の一員というよりは常に独立志向が強く、通貨覇権を巡っては米国を意識してきた。

ここで先刻の「2+1極」構造と重ね合わせてみると、英国は明確に欧州から鞍替えし、ポンドと米国のドルの連合軍で覇権を守っていく肚《はら》だ。

いわばアングロサクソン連合軍でもある。昔から大西洋（アトランティック）・コミュニティという考え方をアングロサクソンは備えていたので、Brexitはそれに向かって英国の背中を押した格好となった。

ポンド・ドルの連合軍の仮想敵国はユーラシア大陸代表の一角を担うドイツにほかならない。

言うまでもなくドイツはEUの覇権国家だし、ユーロはいわばドイツ帝国の通貨である。ドイツが隆盛であれば、EUはギリシアやイタリアなどの南欧危機をなんとか凌《しの》いでいけるはずだ。だが、英国のドイツへの懸念は、ドイツがロシアと非常に近い点にある。

その象徴がロシアからドイツへバルト海経由で供給される天然ガスのパイプライン、ノルド・ストリームの敷設であった。その後もウクライナ問題という火種を抱えながらも、水面下での独露外交、独露貿易は親密の度合いを強めているといわれる。

Brexit　国際金融市場への今後の影響について

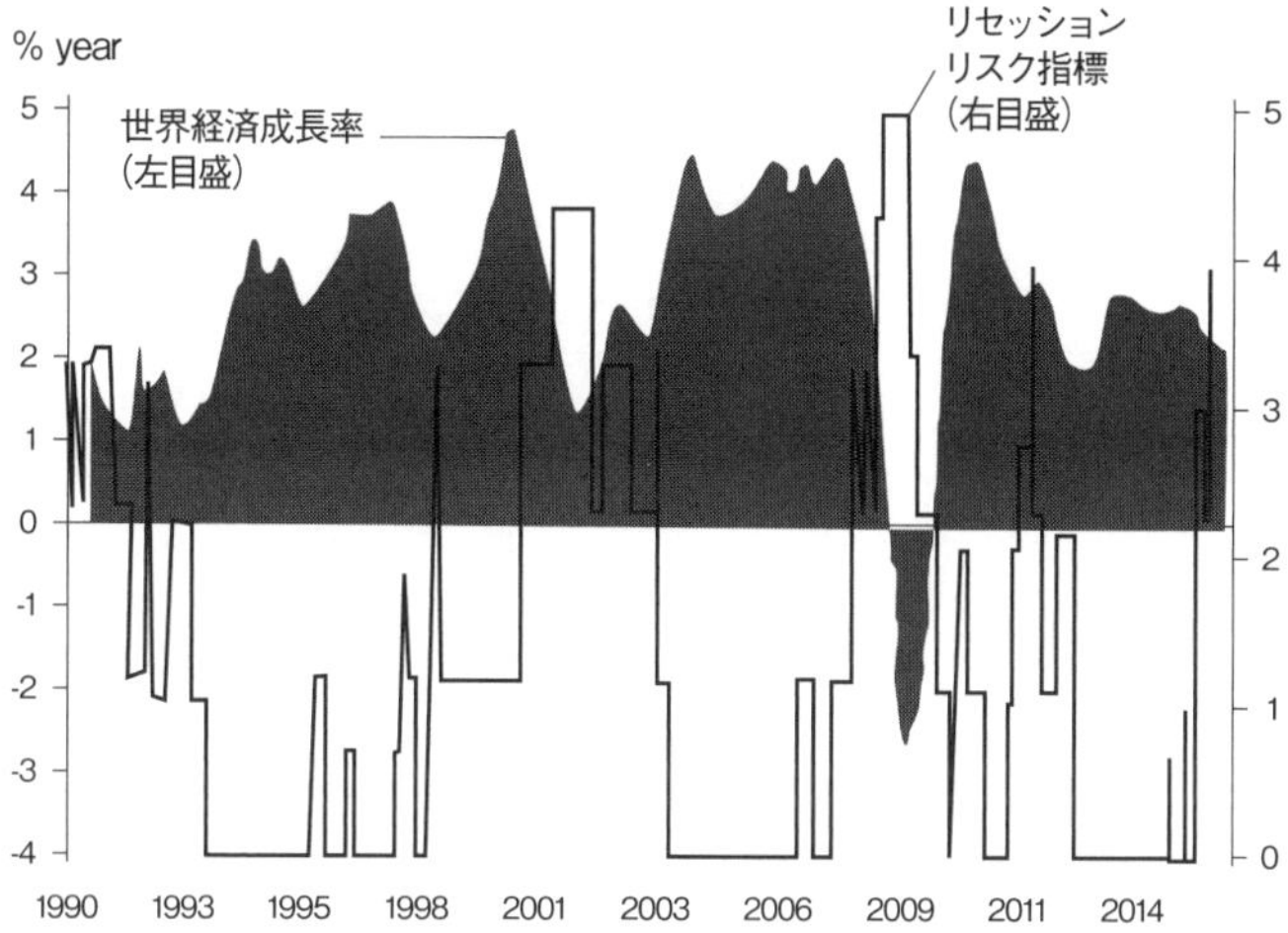

Oxford Econmics' 世界の GDP 成長率予想

	2015	2016	2017	2018	2019
World	2,6	2,3	2,6	2,9	2,9
UK	2,3	1,8	1,4	1,4	1,6
Eurozone	1,6	1,7	1,5	1,5	1,5
US	2,4	1,9	2,3	2,3	2,1
Japan	0,6	0,1	0,3	0,7	0,8
China	6,9	6,5	6,2	5,9	5,7
Other Asia	4,2	4,4	4,4	4,6	4,5
Latin America	-1	-0,9	1,4	2,4	3,0
Africa	3,4	2,9	3,8	4,2	4,3
E Europe	-0,6	0,8	2,4	2,4	2,5
OPEC	1,6	1,1	2,4	2,5	3,8

出典：Oxford Economics

知ってのとおり、中国は四半世紀におよんだ高度成長期を終えて、巡航速度へと経済発展速度を落としてきた。かつての日本同様、低成長のフェイズに突入したのだ。中国は低成長を持続させるために、AIIB（アジアインフラ投資銀行）はじめ新たな国際金融機関を主導、そこで資金を調達し、アジアのインフラを整備し、ひいては自国の「一帯一路」戦略を実現するという国家目標を掲げている。

英国が真っ先に中国主導のAIIBへの参加を表明したのは、一つには、ドイツに対する対抗戦略の意味合いが強い。

仮想敵国であるドイツの自動車および機械メーカーが狙う市場は中国と中央アジアだが、それは英国・米国の戦略と重なる。しかも、EU離脱後の英国経済の予測は芳しくなく、リセッション（景気後退）入りする確率が非常に高まっているし、中長期的に見ても減速リスクを抱えている。

Brexitの中期的影響をみると世界の景気減速は必須である。Oxford Economicsによる景気予想では、グローバル・リセッションのリスクは二〇〇九年来の高さを示している。英国と欧州圏の景気減速は顕著である。

だが、三枚舌、五枚舌を平気で使いながら、AIIB参加などを通じて中国との関係を強める英国の本当の狙いは、香港ドルの利権の調整にある。香港ドルは香港金融局の保有ドルを裏付けにドルにペッグし、人民元自体もドルにリンクしているため、この両者を保有していればドルに対して価値が減価しないという大きな強みを持っている。

現在、香港ドルの発券銀行はＨＳＢＣ（香港上海銀行＝英国）、スタンダードチャータード銀行（英国）、中国銀行（香港）の三行だが、その裏側では、一九九七年の香港の中国返還以来、中国政府と旧宗主国の英国が暗闘を繰り広げてきた。

米ドルとペッグする香港ドルを今後どのように仕切っていくのかは、英国の利権に大きくかかわっていくわけだが、その大きな枠組みの仕切り直しの時期がやってきているのである。

中央銀行相場の弊害

リーマン・ショック以降、各国中央銀行は大規模な量的緩和を実施し、市場にはじゃぶじゃぶの資金があふれ、国際金融市場は「中央銀行相場」となった。こうした相場環境では、投資マネーは群集心理に準じ、「長い物には巻かれろ」とばかりに、大勢が動くほうへ流れていくものである。

プロのトレーダーですら、独自の合理的な価値判断に基づいて売買するのではなく、この集団行動に巻き込まれ、皆が買うから価格が上がる、価格が上昇するからさらに買うという「根拠なき熱狂」の渦に巻き込まれていった。

プロであれば計算されたリスクをとり、無益なリスクはとらないはずだが、いったん熱狂に巻き込まれるリスクへの警戒感を失い、まっしぐらに進んでしまう。ここでひるんでは収益機会をみすみす逃してしまうと焦る気持ちに逆らえなくなるからだ。こうした欲望むき出しの「アニマルスピリット」こそ、バブル生成の根本要因といえる。

一般的に資本市場の価格形成は、参加者がリスク調整後のリターンを最大化しようと合理的な投資行動をとることを前提としている。市場参加者が一方的に買い進み、価格がつり上がれば、リスクに見合うリターンが薄れ、売りが出て価格調整が起こる。

しかしながら、今回の中央銀行相場では〝合理的〟な価値判断が形成されず、量的緩和で低リターンが当たり前となった。投資家が群れをなして収益機会を探し、同じようなポジションを取り、過剰信用で有り余った投資マネーが不動産や株式、美術品にまで流入し、右肩上がりの相場が展開されたのだ。

ＩＭＦは、投資における非合理的な群衆行動が「ワンウェイ・マーケット（一方通行の市場）」を創出したと警告している。この群衆行動のベクトルが反対方向に向いたとき、人々はパニック売りに転じ、アニマルスピリットは恐怖に変わり、相場が一気に崩れるリスクが高い。

買いが一年、売りが三ヵ月といわれるように、相場を上げるのには多くのエネルギーが必要だが、下げの速度は速い。一斉の売り浴びせはバブル崩壊へと直結するのだ。

成長の芽を潰しかねない安倍政権のバラマキ

国際金融市場の中央銀行相場は、当然ながら日本にも伝播した。

日本でも日銀がＱＥ（量的緩和）、ＱＱＥ（量的質的緩和）、さらに本書で記してきたとおり、マイナス金利「イールドカーブ・コントロール」までも導入した。中央銀行がここまで市場をコントロールした結果、経済の実体は改善したのだろうか。

たしかに、アベノミクスで円安・株高となり、株式や不動産の含み益を稼いだ富裕層が消費を押し上げ、一定の資産効果が見られた。しかし、あぶく銭の効果は短期で終わりを告げた。

これは経済学の基礎だが、ＧＤＰは消費、投資、政府支出、そして輸出から輸入を差し引いた額を合計した数字で示される。

Y=C+I+G+（X−M）

このＧＤＰの要素のなかで、持続的な成長を続けるために最も重要なのが投資（Ｉ）である。長期に成長を促進するには、新事業と技術革新へリスクマネーを回すこと（投資）

が欠かせないからである。

ただし、こうしたリスクを伴う投資には「目利き」が必要で、かつ、適正な資本投下が不可欠なのである。そして、どのくらいの資本をどのような発展段階で投入していくべきか、その答えは現場にしかない。目利きや適正な資本投下ができないと、官民ファンドのように「不良資産」を増やすだけになってしまう。現在の安倍政権が行っている単なるバラマキでは、逆に成長の芽を潰《つぶ》しかねない。

また、目利き力があっても、アイデアや理論だけでは新事業は成り立たないし、技術革新も進まない。現場での汗水たらした努力、モノづくりこそがアイデアを現実に変える力であり、人々のやる気と実力がなければ、アイデアは評論家の「絵に描いた餅」にすぎない。さらに、技術開発でつくったものに市場性がなければ、大量生産の段階まで行き着かないで終わってしまう。

このように、新事業がある程度まで商流を作り出して、成功に至る道は「一〇〇メートル先から針の穴に糸を通す」くらいに厳しいものであり、新事業の経営者は神業といえるほどの集中力と運を味方につけないと、新たなる地平を切り拓くことはできない。

新事業も大量生産の段階まで来れば、設備投資のみならず、生産性向上のために従業員の新しい技術スキルや職業スキルの訓練が必要となる。この段階でようやく、労働生産性の向上と雇用促進が起こり、事業は拡大再生産の局面に入り、成長は持続するのである。

日本に成長の好循環が起こらない本当の理由

少子高齢化で労働人口が一段と減る日本においては、技術革新こそが生産性向上の唯一の推進力、ひいては成長の促進力となる。このことは以前からわかっていたのに、なぜ、実際に成長の好循環が起こってこないのか？

原因のひとつは、新技術開発を〝妨害〟する既得権益集団の存在である。

一例をあげると、雑誌『ファクタ』四月号記事「原子力機構のワルが〝除染新技術〟妨害」では、原子力ムラが新たな除染技術を取り込むために違法スレスレの交渉に臨み、それがかなわぬと見るや参入排除に回るという衝撃的な事実が描かれている。このように、優れた技術革新の芽がありながら、民間の発明家は霞が関ムラに潰されている。情けないけれど、これが日本の実相なのだ。

私の知人もある新製品（医療用器具）を開発した。設計図を引き、町工場で技術者も交えて改良を重ね、新製品を完成させた。しかし、厚生労働省の木っ端役人に妨害されたり、また病院納品関係者から賄賂を要求された。さらに競合他社がその新製品を分解して持ち出そうと深夜の病院に忍び込み特許を盗まれそうになったりした。結局、彼は「不正をしてまでも新製品を納めたくない、俺は乞食じゃない！」とモノづくりを断念した。

こうした既得権益を崩すには、一人あるいは一社の力ではどうにもならないのも現実である。


成長を阻害するもう一つの原因は、相続税による富の断絶である。戦後七〇年で経営者の世代交代が進み、遺産相続で多くの富が政府に吸い取られてきた。また、遺産相続によって、地方の金融機関では預金の大量流出が予想されている。

同じく雑誌『ファクタ』四月号記事「遺産相続で預金激減『この地銀が危ない』」によれば、少子高齢化と地方から大都市圏への人口移動、さらに遺産相続（地方にいる親が亡くなり、都市圏の子供が相続）で地方の金融機関は大打撃を受ける見通しである。

これは日銀によるマイナス金利導入で銀行の収益悪化が懸念されるどころの騒ぎではない。青森、岩手、宮城、秋田、福島といった東北各県や群馬では二五％以上も預金残高が減少すると見込まれている。そして、埼玉や神奈川県など大都市圏へ流出した子供たちが遺産を相続することになるのだが、ここで相続税の問題が出てくる。

老後の生活にと蓄えていた先代の預貯金や資産の大部分は相続税として国に没収される。加えて、相続を受けた子供は、毎年の固定資産税・住民税、不動産取得税などを月給で支払えないので、預貯金を取り崩す。地方の金融機関の預貯金が減るのみならず、子供の代で大都市部の金融機関の預貯金も減るし、へたをすると次の孫の世代になれば何も残らないかもしれない。つまり、一家は丸裸になるのだ。

特にオーナー企業では、相続税を払うために会社の資産等の売却を迫られる。ところが、資産は銀行が融資の際に担保に取っていて、二進《にっち》も三進《さっち》も行かないのである。

したがって、「一〇〇メートル先から針の穴に糸を通す」くらいの確率で事業を成功させたとしても、一経営者は後世に何を残せるのか？　この国のあり方を、ある経営者は「まるで事業を興して成功することで〝罰則〟が待っているようだ」と評していた。

今後は、こうした成長の原動力を妨げるあらゆる要因を排除していく必要がある。それができなければ、この国は沈んでゆくばかりである。

第6章

二〇一三年に起きたパラダイムシフト

いまから三年前にようやく本当の独立を得た日本

日本人の大半はあまり意識していないだろうが、いまは日本という国家にとり、あらためて国の形が、国柄が大きく変わろうとするきわめて大きな転換期にある。ちょうど本の頁《ページ》が次の頁に移る糊代《のりしろ》の部分に差し掛かっているような、時間軸でいえば一〇〇年に一度、二〇〇年に一度あるかないかの、重要な局面にわれわれは生きているわけである。

なぜ私にそうしたことがわかるのか？　世界では毎日さまざまな事件、事象がとめどなく起きているが、それら一つひとつの点が線になり、線と線とがつながって面になり、ようやく物事の大枠が見えてきて、実相となって浮上してくる。

そこまでにはかなりの時間を要するのが世の常であり、そのときになって、「ああ、そういうことだったのか」と腑《ふ》に落ちるのだと思う。

日本の戦後がようやく終わったのはいまから三年前の二〇一三年であった。これは決して荒唐無稽《こうとうむけい》な話ではない。

私との共著を出版した政治アナリストの片桐勇治氏は、昭和史を深く研究し、戦後メディアが見逃していた事実、あるいは敢えて俎上《そじょう》に上げなかった事実を丹念に拾い集めている人物である。われわれは同書によって世界の政治、経済、金融の流れを絡めながらたど

2013年以降、大きなパラダイムシフト

2016年	11月　米国　大統領選挙
2013年	米中G2の失敗、日本の独立、アベノミクス　三本の矢
2012年	選挙Year　世界の指導者が交代 1月　台湾、フィンランド、エジプト 3月　ロシア 4月　フランス 10月　中国、ベネズエラ 11月　米国 12月　韓国、日本・安倍政権スタート
2011年	3・11大震災、津波、原発事故
2001年	世界同時多発テロ
1991年	ソ連共産党支配の終焉　冷戦の終結
1981年	レーガン政権発足
1971年	ニクソン・ショック
1941年	太平洋戦争開戦
1921年	中国共産党結成
1911年	辛亥革命

り着いたと確信した。

片桐氏は国際金融畑で生きてきた私とは異なり、ながらく政治の世界に身を投じてきた人物。とりわけ明治時代から現代に至る日本の立ち位置と、世界の政治枠組みに関しては際立った見識を備えている。われわれ二人の共通点は、米国でも教育を受けたことで、日本をコップの外側から見る目を持っているところである。

七〇年以上も実際に戦火に見舞われなかった日本人の多くは、戦費の調達や戦争の賠償金が国家間で行われ、それらが一般国民の目に触れずに長期契約に則り、粛々と履行されてきたことを知らずにいる。

だが、日本も幾度をそうした経済を繰り

返してきた。

詳細は後述するが、事実だけを端的に示すと、日本が日露戦争の戦費返還を終えたのは一九八六年、太平洋戦争後の戦後復興費を完済したのがつい三年前の二〇一三年四月二七日であった。

これが金融・戦争・契約の正体であり、国際社会の現実なのである。

本章においては、二〇一三年に本当の独立を得た日本の裏面史と、戦争や軍事も先立つものはカネという国際社会の現実に迫ってみたい。

日清、日露戦争というマネーゲーム

国家と国家の間の約束事は、ときには数十年、一〇〇年近くの時間をかけることがある。現在の世界情勢を見てもわかるように、外交、国際関係の基本は利害調整であり、国家間の仲たがいは、悪くすると実力行使、戦争へと発展する。

平和時に関係を築いた貿易や投資は武器と暴力の応酬に替わる。領土を拡張し利権を獲得するためには武器を購入して戦わなければならず、武器調達、銃後の食料や燃料、ロジスティックスも含めて、戦いには莫大《ばくだい》なマネーがかかる。さらに、戦争終結後には、賠償金というマネーが動くわけで、これはいつの世も変わらない。

要は、軍事の源はマネーである。この基本原則は不変だ。日本が開国以来初めて外国と戦火を交えた「日清戦争」も例外ではなかった。

一八九四年七月から九五年三月までの日清戦争で、日本側も清国側も英国のロスチャイルド系銀行や香港上海銀行から借金をして戦った、いや、戦わされたことがわかっている。英国系の貸し手は、どちらが勝っても儲けられる仕組みをつくっていたわけである。

日本に負けた清国は、今度は敗戦による日本への賠償金をロスチャイルド系銀行のジャーディン・マセソン商会から借りなければならなかった。

話はこれでは終わらない。日本が清国から得た賠償金の大半は英国で建造された日本初の大型戦艦「三笠」に費やされた。

当時、締結された日英同盟の裏側には、英国がボーア戦争や経済低迷で疲弊するなか、台頭してきたロシアの進出を抑止するために日本の力がどうしても必要であったという事情があった。つまり、「日露戦争」とは巧妙に立ち振る舞う英国の身代わりに日本がロシアと戦わされた代理戦争にほかならなかったわけである。

このとき日本が掲げた「富国強兵」政策は大失敗に終わった。日本軍が英国の経済対策にいいように使われた挙げ句、ロシアとのぎりぎりの戦いを強いられ、多大な犠牲者を出し、しかも日本が得るものがなかったのだから。これほど情けない結末はなく、日比谷で焼き打ち事件まで起きたのも無理はなかったのだ。

ここまで日清、日露両戦争を〝解剖〟してみた片桐氏と私は、司馬遼太郎の小説『坂の上の雲』は幻想でしかないという意を強くするばかりであった。

この手痛い日露戦争に際して、日本はどのような戦費調達を行ったのかというと、総戦費一八億円のうち一三億円を外債（外国公債）発行で賄った。外債募集に奔走したのは当時の日銀副総裁・高橋是清であった。

外債募集の担保として、関税収入と煙草専売益を提供することになり、日本専売公社（現JT）の前身である大蔵省の外局、煙草専売局を設立し、その対応にあたった。この日露戦争戦費返還は〝八〇年〟にも及んだ。

その専売局は第二次世界大戦後、日本専売公社に、そして一九八五年に大蔵省の手を離れて、現在のJT（日本たばこ産業）へと衣替えされた。日露戦争戦費返還の完了が一九八六年であったことを考えると、完了と同時期の専売公社民営化は符牒が合うとしか言いようがない。

金価格の変動分を掛けて決められる返済額

超長期でのお金のやりとりで疑義が生じるのは、当然ながらインフレに対する防衛策であろう。この点にも精確な見識をもつ共著者の片桐氏は次のように示している。

「超長期での返済契約においては、インフレ・ヘッジとしての金（ゴールド）の機能が不可欠となる。たとえば日露戦争で日本が海外から調達した一三億円は、一九五〇年代以降の日本なら、造作もない金額だ。しかし、返済完了が一九八六年までにもなる契約においては、返済金額が額面ではないことを意味する」

　通常、借り入れた金額に、金価格の変動分を掛け算して、返済額を決めるのだという。国家間でのやり取りの本質は金（ゴールド）を中心とした物々交換なのである。カネというものが信用創造の産物であり、信用をなくせば一瞬にして紙切れになることをわかっていれば、これは当然の措置といえよう。片桐氏は続ける。

「第一次世界大戦の賠償においては、ドイツが連合国側に石炭を無償提供する項目があった。つまり、石炭は当時の主要エネルギー物資、戦略物資だったからである。この他にセメント、ガラス、鋼鉄、レンガ、木材、機械、家具、暖房器具等がドイツの賠償として規定され、驚くなかれ、『三歳から七歳までの種牡馬五〇〇頭』といった賠償項目まであった」

　このようなカネの本質やそれに基づく国家間のやり取りの本質を、多くの日本人は理解できないかもしれない。

六〇年間日本を縛り続けてきた米国との「特別覚書・密約」

一九四五年に敗戦を認め、無条件降伏を宣した日本は惨めの一言であった。終戦直後の日本は焼け野原で、衣食住すべてに困窮し、戦後復興どころではなかった。先の戦争で費やした戦費は現在価値にして四〇〇〇兆円、いまの国家予算の四〇年分を使い果たした。日本が復興するためにはとにかくその原資が必要であった。

一九五一年のサンフランシスコ講和条約締結により、日本は国際社会に復帰し、主権を回復し、独立国として認められた。だが、これは表向きの話であった。

焼け野原から再出発する資金がまったくなく、その援助資金三〇億ドル、現在価値にして三〇兆円の資金融通を当時の吉田首相は米国に打診していた。一種の担保代わりに、日本の国防権、電波権、航空（管制）権を差し出す「特別覚書・密約」に、サンフランシスコ講和条約調印の日、吉田首相はサインした。返済期間は六〇年であった。ちなみにこのカネは、米国ではなく金融財閥のサッスーンが出し、米国はその窓口、保証人となったとされている。

以上のような内容を含んだ論文を、片桐氏は『別冊正論』（産経新聞社・二〇一三年四月）に「それでも私がＴＰＰに反対する理由：日本人が日本人として生きられなくなる危うさ」

というタイトルで発表している。

吉田首相に三〇億ドルを貸し付けたのが米国政府でなく、ユダヤ系サッスーン財閥であった理由を片桐氏はこう述べている。

「私はこの金が復興資金であったとともに、国際社会では常識の『戦争賠償』でもあったと考えている。日本が第二次世界大戦で費やした戦費は現在価値にして四〇〇〇兆円と言われたが、一方の米国も最低でも半分、恐らく同等の戦費を費やしたはず。戦後も傷痍《しょうい》軍人や遺族の補償をしなくてはならない。その穴埋めは普通なら敗戦した日本が行わなければならなかった。

第一次大戦では敗戦国ドイツには過酷な賠償金が課せられた。第二次大戦では戦争賠償金というものはなかったものの、だからといって米国などがそれを黙っていたとも思えないし、放棄したとも思えない。そんなことになれば、日露戦争後、日本がロシアから賠償金をほとんど取れなかったことで、日比谷で暴動が起きたように、米国でも大問題になったはずだ。要は、米国の国益を放棄したことになるのだから。

このような復興資金援助や戦争賠償、そして当時の世界情勢などが背景にあって、この『特別覚書・密約』が交わされたのだと思う。日米安保や憲法は見せかけにすぎず、この特別覚書・密約が日本を根底的に縛ってきたのだ」

そして三年前の二〇一三（平成二五）年四月二八日、「主権回復の日」の式典が政府主催で行われた。終戦後、七年間の占領期を経て一九五二年四月二八日にサンフランシスコ講和条約が発効し、日本が主権を回復してから「六一年目」にあたる日であった。

天皇陛下も御臨席される厳粛な式典を、この日に政府が行うのは初めてのことであった。毎年開催されてもおかしくない式典が、一〇周年にも、二〇周年にも、五〇周年にも開かれず、六一年目に行われたのはなぜだったのか。片桐氏はこう解説する。

「これは主権回復、すなわち独立の意義に政府がようやく気付いたという概念的な問題ではない。わが国が独立するために米国に負っていた〝債務〟をようやく返済したという、きわめて具体的な問題であったのだ」

つまりこの六〇年間、式典を開かなかったのではなく、開けなかったわけである。

衝撃の小日向証言

鳥肌が立つような論説を繰り広げる片桐氏が依拠するものの一つに、『富士ジャーナル』一九七一年七月号に掲載された小日向白朗氏の証言がある。

小日向氏について簡単に紹介すると、戦前、中国で馬賊の総頭目になった傑人で、戦後は池田内閣のアドバイザー、そして一九七〇年代の米中接近や沖縄返還では大きな役割を果たした。まさしく国際政治の裏表を熟知していた人物であった。

以下、『富士ジャーナル』に掲載された小日向氏の証言の一部を紹介しよう。

本誌（富士ジャーナル）　財界へのアメリカからのひもつき資金というのは？

小日向　これは問題なんですが、戦後吉田さんがアメリカへ行き「戦争で破壊されて、日本には工場も、発電所も、道路や鉄道もない。そこで日本の産業を復興するには、どうしてもお金を貸して欲しい。最低、電源開発資金として十億ドル、産業復興と国土開発資金に十億ドル、それにモノを外国から買わなければならないから、その輸出入資金として十億ドル、合計三十億ドル貸してくれ」と頼み込んだわけです。

　ところがアメリカ政府としては、融通のきく金はないわけですよ。そこで、政府が保証して民間の資金、これはサッスーン財閥が出したといわれていますが、それを貸してくれることになった。勿論、表向きでないかたちですよね。これは昨年アメリカに行った時に、ハーバード大学グループとの話し合いで聞いてきたわけだが、とにかく、この資金のおかげで戦後の復興が進んだわけだ。（中略）

　ところが、この復興資金三十億ドルの借りも背景にあってか、講和条約を結んだ時に、吉田さんは日本の航空権、国防権、電波権を売り渡し、その自由使用をアメリカに認める特別覚書を秘かに入れているんだ。

今年（一九七一年）の四月二十六日にニューヨーク・タイムズが〝核戦力の通過問題〟の密約説を発表したが、それは、その中の一つにすぎない。この記事も漠然としているが、一応発表したということは、密約問題を僕がしゃべってもいいというように受け取ったので、言ってしまうわけだが、この密約によって、日本の自衛隊はいったん戦争が始まれば、全部アメリカの指揮下に入らなければならないわけだ。また日本は、アメリカ軍の施設には、アメリカの許可がないと自衛隊でも入れないが、逆にアメリカ軍は、自衛隊の施設でもどこでも自由に入れるという不平等な状態がいまでもつづいているわけなんだ。

だから、憲法も安保条約も、実は見せかけにすぎないんで、日本をしばっているのは、この密約なんだよ。したがって、日本の国内にも核はあるんだ。（中略）

VOA（Voice of America＝返還前の沖縄の中継局から発信されたアメリカの国営放送）は宣伝放送だけではないんだよ。ABM（Anti-Ballistie Missile＝弾道弾迎撃ミサイル）網の最先端であることをわからせないために、わかりにくいところにちゃんと作っているのだからね。

その時、アメリカはこういうのですよ。「米中が手を握り、日本の国内がゆさぶられてもくずれないような体制になった時には、あの覚書の密約、これは石橋湛山さんを除いて歴代の総理がみんな異議なく実行しますとサインをしているそうだがこれを白紙に戻してもいい」「国民全体の合意ができたなら、いつでも日本政府代表にサインを拒否してもらっていい。アメリカとしては、いつでも喜んで解除するだけの用意はしております」というわけだ。

まあ、ニクソン・ドクトリン（一九六九年に発表された、アジアにおける米軍兵力の削減や同盟国に対する国土防衛責任などを訴えた米国の新しい外交戦略のこと）を実行していけば、そういうことになると思うが、このままじゃ日本にとって密約が問題だね。（『富士ジャーナル』一九七一年七月号「台湾解決でアメリカに招かれた元馬賊王」より）

明らかにされた米国への返済方法

この小日向証言と同様のことが、同じ頃に発行された『週刊現代』にも掲載されている。それによると、「元利合計百億ドルくらいにふくれたこの金が、日本企業と華僑との合弁形式に信用供与するなど、米中接近、国共合作後に生ずる対応費や軍事費、工作費に投じられた」と書かれていたことから、この資金が、戦後の日米中を動かしてきたのであろう。

この米国側から借りた復興資金は、ビジネスの世界ならばさしずめ、立ち上がったばかりのベンチャー企業が必要とするシーズマネーであろうか。起業家が自宅などのありったけの資産を担保にして事業を興し、ベンチャー・キャピタリストがその将来性に投資をするようなものだといえる。

「復興資金」がベンチャー投資だとすると、投資家がリターンを追求するのは当然である。気になるのは、米国に借りたカネの返済方法だ。密約で発生したカネだけに、日本政府は何らかの名目でカネを支払ってきたのは間違いない。それが「思いやり予算」であったり、「米国債の購入」であったりするのであろう。

小日向白朗氏はそれについても『富士ジャーナル』で明かしている。

小日向　（三〇億ドルの借金が）いま（一九七一年）では、八十八億ドルにも元利がなっているというんだが、元金、利子をのけて、儲けた金は、全部ゴールドに直して日本においてもいいということになっているそうだ。
例えば、或る会社が一千億円借りたとすると、その主力銀行がその保証をし、それを更に日銀が保証するかたちをとるんだが、そのとき一〇％が政治調整金という名目で天引きされるんですよ。その一〇％のうち三・五％＝三十五億円は、金利分として元金の方にくり入れられ、日本銀行の口座にいく。次の三・五％、三十五億円は、大統領の名

において日銀の口座にふりこまれるが、それはキリスト教伝道基金という名目でＣＩＡが使っているらしい。というのは、伝道基金の事務所は、外苑前にあるが、ＣＩＡの連絡所も同じところにあるという話だ。残りの三％は与党の政治資金ということかな。

そうして日本の通常金利は六・五％だからその中の三・五％は扱い銀行のリベートで、それを除いた三％、三十億円は、日本とアメリカが共同でためになることに使わせるということだ。その内容をアメリカ大使が調べ、政府に報告して使わせるわけだが、こんな金が、これまで何百億使われたかわからんですよ。

ざっと日米の「特別覚書・密約」についてさらってみたが、さらに詳細を知りたい方は、片桐氏との共著『この国を縛り続ける金融・戦争・契約の正体』（ビジネス社）をお読みいただければと思う。

契約満了後に米国から戻ってきた担保

とにかくこの「特別覚書・密約」に縛り続けられてきた日本は、六〇年ローンをせっせと返済してきた。そして、二〇一三年四月二七日にようやく完済した。完済すれば、これはれっきとした契約であったから、担保として差し出した国防権、電波権、航空権（航空管制権）の三権はきちんと米国側から返されてきた。

この三権が日本側に戻ってきたと思われる事象がいくつも見られた。二〇〇〇年前後から、国防権（自衛権）、電波権、航空権（航空管制権）の三権の状況が徐々に変化してきたのだ。

空自航空総隊司令部が米軍横田基地内に二〇一二年移転完了し、二〇一三年三月には陸自中央即応集団司令部が神奈川県キャンプ座間に移転を完了している。この移転は二〇〇六年に日米間で決められたものだ。

神奈川県にある米軍通信基地も返還過程に入り、一部返還され、その作業は漸次進捗《しんちょく》しており、近々にすべて返還されることになっている。通信は軍隊においては根本だから、これが返還されることは、撤退に等しい。

電波権については、地デジの運用や携帯電話のプラチナバンド開放や巨大な電波塔である東京スカイツリーにも変化がよく現れている。

東京スカイツリーは二〇一二年五月に開業したが、電波運用が始まるのは、二〇一三年四月の独立後の五月であった。さらに、二〇一一年三月一一日の東日本大震災の復興作業に従事した米軍の救援部隊のオペレーションは、戦後はじめて自衛隊の指揮下に入ったことも符牒が合っている。

また最近、羽田空港の発着枠が一気に拡大されたことも当然ながら無関係ではない。これは飛行ルートと密接に関係することから、航空権においても米国からの移転が進んでいることがわかる。したがって自衛隊機も、米軍機に邪魔されないで日本の空を飛べるようになった。

安倍内閣の期待値の操作という時間稼ぎ

こうして重要な権利が戻り、日本が本当に独立した国になったのが二〇一三（平成二五）年四月二八日であった。米国の縛りから解き放たれて、独立主権が戻ったいまはきわめて重要な時期である。

通貨市場から安倍内閣を見ると、たまたま二〇一三年から政権を担っているのが安倍内閣であり、経済面ではアベノミクスで懸命にアクセルを吹かしたけれど、本書で示してきたように、土俵際一杯まで追い詰められてしまっているのが現状である。

第2章で論じたとおり、安倍内閣は過剰な負債を軽減するためになんとかインフレを起こしたい一心で、無理矢理アベノミクスを推進してきた。だが、その結果は惨敗で、安倍晋三首相の答弁は虚飾に満ちている。たとえば、就職率や賃金上昇をアベノミクスの成果として胸を張るが、お門違いもいいところだ。

民間事業者に勤める労働者のうち非正規社員の占める割合が四〇・五％に達し、初めて四割の大台を超えた。実質賃金指数は五年連続で前の期を下回っている。不安定な身分の人たちが増え、実質賃金がマイナス続きで、どうやって消費を増やしてなだらかなインフレを実現できるのか。人口減のペースに歯止めがかかるはずがない。

そして、ふるわぬ数字を突きつけられると、安倍首相は「アベノミクスは道半ば」と開き直る。けれども、選挙には〝勝利〟する。この矛盾に満ちた現実を政治学者の吉田徹氏が「時間稼ぎの政治」というレポート（『世界』9月号）で解明してくれた、と東京工業大学の中島岳志教授が言及していた。

「吉田が強調するのは、『期待値の操作』という政治手法である。政策の当事者たちは『アベノミクスが成功しないのは、アベノミクスが不足しているからだ』と言い続ける。すると景気回復の実感がない人ほど、いつか自分にも恩恵が及ぶはずと思ってしまう。結果、『マイナスの実感があってこそ、それらは期待値へと転換される』。ここに安倍内閣が支持される逆説が存在する」

私はこれを読んで思わず膝を叩いた。だが、期待値の操作は、単なる政治ごっこにすぎないのではないか。中島氏は続ける。

「恣意《しい》的な『期待値の操作』という手法は、実際の成功を目指していない。むしろ成功しないことの方が意味を持つ。なぜならば、永遠の不成功こそが、成功への期待を持続させることができるからである。『自ら実現を掲げるものが失敗する限りにおいて、自らは必要とされる』。これこそが『アベノマジック』だと吉田は主張する。的確な分析だ。

吉田は安倍政治の本質を『時間稼ぎの政治』と論じる。アベノミクスが実現しないことによってこそ維持される政権は、『破局に向かう政治の〝時間稼ぎ〟にしかならない』。そんなことをしている間に、日本は体力を失っていく。本当は時間稼ぎをしている場合ではない」（「破局に向かう『時間稼ぎ』アベノミクスのからくり」八月二九日付　中日新聞夕刊）

日本が米国のオフショア・バランシングの犠牲になる

米国の現政権下でくすぶっている諸問題のなかで、もっとも大きな課題は二つあるといえる。

一つはすでに取り上げた、リーマンショック直後から実施されてきた財政拡大・金融緩和路線からの出口、いわゆる「中央銀行相場」の終了である。

ＦＲＢは昨年一二月に政策金利を上げ、今年一二月にもまず確実に利上げがなされるわけだが、中央銀行相場の出口の向こう側に、どのような国家体制や産業構造を構築すべきかといった課題が横たわっている。残念ながら、大統領選挙期間中にクリントン、トランプ両候補からは明確なビジョンの提示はなされなかった。

おおまかにいえば、クリントンは「大きな政府」を目指し、トランプは「小さな政府」を目指していた。しかし、万が一トランプ新大統領となると、その言動が不測なため先行き不透明感が広がるだろう。行政府のオペレーションが混乱する事態も起こるといった危惧もある。

ちょうどビル・クリントンが大統領となり、アーカンソーからホワイトハウスした入りした一九九三年には、首都ワシントンD．C．の高級官僚たちはクリントン一行を田舎者集団とみなしていた。さいわいIT革命の追い風でクリントンの政策は支持を得た。同じ「よそ者」のトランプがもしかしてホワイトハウス入りする場合には、よほど優れた経済政策を引っさげないと、共和党分裂や議会の政治的混乱は目に見えている。


もう一つの課題は、国際秩序の枠組みの〝変化〟である。

オバマ政権では、その前のブッシュ政権によるテロとの戦いで拡大した米国の軍事勢力を縮小し、「オフショア・バランシング」政策に切り替えた。米国は現地に軍を置いて直接支配するコスト高の政策を止め、周辺域内で相対する勢力同士が均衡し合う状態を作り出すことで、同盟国を〝犠牲〟にしてでも自国のパワーを温存することに努めた。これがオフショア・バランシングである。

オバマ政権が外交政策を切り替えた背景にはシェール革命があった。いまや石油輸出国となった米国がエネルギー政策を転換し、中東では二〇一〇年末からのチュニジアの「ジャスミン革命」から「アラブの春」が始まり、民主化の動きが拡大し、中東の独裁政治がドミノ倒しのように崩壊していった。

米国がイラク、アフガニスタンの駐留米軍を縮小したことにより（撤退はしていない）、米国が置き去りにした空白地域にはＩＳがはびこり、シリアでは国が崩壊し、多くの難民が欧州を目指す悲惨な事態を招いた。

アジア地域では、フィリピンから米軍が撤退したことで、中国の南沙諸島へ侵攻を促した。一〇月二〇日、北京で中国の習近平国家主席との会談を終えたフィリピンのドゥテルテ大統領は「軍事でも経済でも米国とは決別する」と息巻いた。

このように、空白地帯ではロシアや中国が覇権を押し進めている。特に北朝鮮とシリアは米ロ対立の「代理戦争」である。

クリントン新大統領の場合、当然ながらオフショア・バランシングは続行となる。一方、トランプ氏はビジネスマン（私人）としてロシア政界と資金のパイプを持つ。万が一彼が公人（大統領）となった場合には、国益との利益相反がはなはだ深刻な問題となるだろう。

さて、日本はこれまで米国の軍事的護衛のもとに中東からの安定した原油の輸入を続けてきた。しかし、オフショア・バランシングへの外交・安全保障政策の切り替えから、日米同盟があるとはいえども、米国はこれまでと同じように日本の権益を守るだろうか？安倍政権はロシアからの資源協力を求めようとしている。一二月一五日に安倍首相はプーチン大統領と山口市での会談を予定している。一二月一三日のＦＯＭＣ（連邦公開市場委員会）直後である。これはきわめて危険な〝賭け〟と言わざるを得ない。

まず、プーチン大統領が会談をキャンセルする可能性が高い（プーチンはついこの間オランド仏大統領との会合をキャンセルしたばかりである）。それ以前に、日本自身のエネルギー政策の根幹をどうするのか。原子力に代わる水素や自然エネルギーなど多角的なエネルギー開発を進め、自律的なエネルギー確保の必要があるだろう。

繰り返しになるが、同盟国を犠牲にしてでも自国のパワーを温存する。これが米国のオフショア・バランシングである。日米関係は曲がり角に来ている。次期大統領は日本への軍事費負担の強化を求めるのは必須で、さらに日本が「犠牲になる」可能性があからさまに高まるだろう。

いま、これまでグローバル化で拡大してきた資金の流れが止まり、巻き戻しが起こっている。これが国際情勢の緊張の高まりとシンクロしている。テロやハッキング（クリントン候補側近のメールがハッキングされたウラにロシアがあると報じられている）の応酬という意味では、すでに戦争が起こっている。ここにも通貨をめぐる金融戦争が透けて見えてくる。

ドル不足の次に来るものは？

ハーバード大学のラインハルト教授はＩＭＦ報告書で、世界にドル不足が起こり、第二次世界大戦終了後の現象と似ていると報告している。

戦後、欧州や日本は国土に甚大な被害を受け、産業の復興に多大な努力を要した。一方、戦勝国の米国は国土を焼失することもなく、唯一の資本提供国となった。マーシャルプランがその要である。米ドルが基軸通貨として世界経済を支配した。

このときに経常黒字を維持するために、欧州諸国は米国からの輸入を減らそうとした。同じく戦後の日本でも資本規制があり、当時一ドル三六〇円の固定相場で、海外への資金の持ち出しも制限されていた。輸入品も高かった。闇市でドルが高値で取引された。これが一九五〇年代初頭の状況である。

それから七〇年経って、グローバル化と自由な資本の二一世紀となった今、ドル不足が再び起こっている。特に発展途上国でドルを求めて闇市が立っているという。今回ドル不足に悩む国々は敗戦国ではなく、産油国を中心としたアフリカ、中東、中南米地域の資源国である。なぜそうした事態が起こっているのか。

二〇〇一年に中国がＷＴＯに加盟し、世界貿易圏のメンバーに迎い入れられ、以後一〇年近く世界の工場として二桁の経済成長を遂げた。中国市場の生産需要を見込んで投資ブームに沸き資源価格が高騰し、その恩恵を受けて新興市場（ＢＲＩＣｓ）が台頭した。新興諸国は経済成長とともに米ドルに自国通貨を連動させ、米国債を準備金に積んでいった。

ところが二〇一四年以来、資源安で資源国ではドル建て準備金を取り崩し、ドル不足が加速している。特にベネズエラはドル不足に加え、急激なインフレに見舞われ、食料不足から国民経済が破綻寸前に追い込まれている。ＩＭＦでは次なるマーシャルプランの担い手として中国への期待があるようだ。人民元の国際化を狙う中国にとってはチャンスであろう。私は国際秩序が大きく変動するなか、米中関係の行方を注視している。

かつてのニクソンショックでは、米国は中ソ対立に乗じてベトナム戦争終結を図った。そのウラには膨大な戦費と財政赤字に歯止めをかける狙いがあった。ドル救済のために、一九七一年にニクソン大統領は一方的に金の固定交換比率を停止した。そして、石油ショックを経て、ドルは金に代わり原油を裏書きとした通貨として中東や産油国を潤した。しかし、今や資源とドルの通貨体制も変わろうとしている。

第７章

日本人はいかにして資産富を守ることができるのか

シンガポールで考えたこと

日本や円が消滅したときに、日本人は海外でも富を守り、日本人である誇りをも守ることができるのだろうか。ユダヤ人や華僑、印僑のように故国を離れても民族として存続出来るのだろうか。

私は三〇年以上、国際金融市場の最先端で働いており、そのうち二〇年近くはウォール街とマンハッタンを中心に活動してきた。ウォール街はいまでも世界の金融の中心で、その力は圧倒的で、世界の運用資産の五五％が米国のファンドマネジャーによって運用されている。

どんなに素晴らしいマネジャーでも投資家でも、いくつもの金融危機を生き延び、数十年も優れた実績を積み重ねることは、生き馬の目を抜くウォール街においても奇跡に近い。そんななか、ビジネスで成功し、お金持ちになっても不幸せで家族や健康を失う人々もいる。また、長い年月をかけていぶし銀のように「いよよ、輝く」成功者もいる。これは米国だけでなく、私が見てきた日本でも香港、シンガポールでも同じである。両者の違いはどこにあるのだろうか？

実は二〇一二年に出版した『お金の正しい守り方』（日経プレミア新書）で、私は「幸せ

ついて記した。

「幸せでないと富は続かない」と訴え、その心得やポートフォリオ運用における資産保全方法について記した。

「幸せでないと富は続かない」と実感したのは、シンガポールで出会った日本人の投資家たちがきっかけであった。

彼らの多くは相続税避難（非難）民といえる。日本国内での相続税を避けるために家族・事業丸ごと、相続税のないシンガポールに移住した企業オーナーや資産家には、事業承継のために、あるいは資産防衛のために逃避せざるを得ない事情があった。そうはいえども、日本国民として税金を納めることを自ら放棄した人たちである。

しかし、日本人であることを辞めたわけではない。なかにはシンガポール社会に溶け込み、子供たちをインターナショナルスクールに通わせ、国際的なライフスタイルを身に付ける人もいたが、そうはいかない人もいた。

単にお金のためだけに中途半端に日本を見捨てると、「根無し草」のようになってしまう。生き甲斐や気概を失い、精神のバランスを崩す人もいた。さらに、慣れない外国暮らしのストレスで健康のバランスを崩す方もいたようだ。こうなると、お金があっても、孤独で幸せを感じられない、精神のレベルでは悪い方向に行ってしまう。

お金の正しい守り方

そもそもお金はないと本当に生活に困る。明日のお米を買えない、ご飯が食べられない、子供の学費を払えないなど、貧苦に遭えば遭うほど、お金のありがたみは身にしみるものだ。

お金のないときには、美味しいご飯が食べたい、綿入れの布団が欲しい、いい暮らしがしたいと、たくさんの欲望を満たしたいと望むものである。しかし、実際にお金が入り、そうした欲望が満たされたらどうであろうか。満願達成し、人は幸せになるだろうか？

聖書（マタイによる福音書）に「貧しい人たちは幸いである」とある。これは物資的に貧しい貧乏な人たちという意味ではなく、「心の貧しい人たち」という意味だそうだ。一方、「貧すれば鈍する」という諺《ことわざ》にもあるとおり、貧乏であると心も貧しくなりがち。貧苦から解放されて物質的に恵まれた生活ができるようになれば、幸いになれるかもしれない。

しかし、「幸い」の意味するところが「心の平安」であるとすれば、お金は必要条件かもしれないけれど、十分条件ではない。心が貧しければお金があっても幸いではないのだ。

お金があってもなくても満たされない心が満たされたときに初めて、人は「幸い」の状態に至るわけである。そのとき、お金は心にとって絶対的な優位性がなくなる。だから、イエス・キリストは「心が貧しい人は幸いである。彼らは天国をみるであろう」と逆説的なレトリックで評したのではないか。

さて、シンガポールの日本人投資家に話を戻そう。最近、清武英利著『プライベートバンカー：カネ守りと新富裕層』（講談社）が出版された。ストーリーは、主人公の杉山が野村證券に就職し、キャリアを積み、その後、ニューマネーの国、タックスヘイブンのシンガポールを舞台にシンガポール銀行で職を得て、日本の富裕層に一〇〇億円単位で売り込みをかけるプライベートバンカーとしてさまざまな体験を積んでいくというもの。中身は実名でノンフィクションだそうだが、あくまでも「セルサイド」、要するに金融商品を売る側のストーリーで、主人公も含むプライベートバンカーや登場人物たちの「心の貧しさ」がありありとみてとれる。

金融には、商品を作って売る側（セルサイド）と投資をする側（バイサイド）がある。当然だが、売る側は高く売ろうとし、買う側は安く買おうとする。両者の利害は常に対立する。

私はバイサイドに立っている。しかも自己資金を運用する人々の立場にあるから、金融商品を売って他人の資金を集める証券会社やプライベートバンクの利害の反対側にいる。当然、私から見えるお金の世界の景色やストーリーはまったく異なってくるわけである。

奥の院シンジケートの存在

前述のように、私の知る一流のヘッジファンド・マネジャーの多くは、自分の資金もファンドに入れて運用している。

たとえば、三〇億ドル（約三千億円）のファンドで一〇億ドルはマネジャーの自己資金、二〇億ドルが他人資本といった具合である。凄腕マネジャーは投資家と運命を共にする覚悟で運用しているのだ。投資家と運用者の利害は完全に一致している。

だからこそマネジャーは資産保全を図り、リスクコントロールを行い、損失を防ぎ、長期にわたる優れた運用が可能になる。私のビジネスパートナーであるニューヨークのファミリー・オフィスもまた、代々ファミリーの資産を一流マネジャーとともに投資し、四〇年近くにわたり優れたリターンを累積している。

こうしたヘッジファンドの「奥の院」の投資家やマネジャーは内輪で集まり、情報交換し、良い投資先を常に把握している。彼らは、自分の資金を運用しているから、他人のお金のうえにあぐらをかく投資銀行やプライベートバンカーからの売り込みを必要としていない。

自律的で密やかなクローズド・サークルのなかでは、最上の投資情報がふんだんにあり、長年の経験に裏付けされた目利きの投資家たちが評価し、案件を選定する。私はこれを「シンジケート」と称している。シンジケートの人々は自分の資金を投資するので真剣そのものである。そのなかには、ホンモノの情報だけがある。

しかし、それなりの信用とインテリジェンスがなければそのなかに加わることはできない。いったん内輪に入れれば、ファミリーの人たちと共に長い間信用を共有することになる。数年で担当が代わる証券営業やプライベートバンカーとはまったく異なる世界といえよう。

さて、こうした「奥の院」の投資家たちは、数百億円以上の資産を動かす超富裕層だ。一九世紀に米国で巨万の富を築いたロックフェラー、グッゲンハイム、フォード、カーネギーを始めとするオールドマネーである。

彼らは「心の貧しい人たち」だったろうか？　なかには傲慢《ごうまん》な人もいたであろう。しかし、彼らはお金と名誉、そして、心の平安を社会貢献や慈善事業でバランスするというライフスタイルを確立していた。生まれたときからお金のある人生のどこに落とし穴があるのかを熟知していた。そこが成り上がりのニューマネーとの違いである。

共和党大統領候補トランプはニューヨークの不動産王と言われているけれど、まさにニューマネーの典型といえる。四度にわたる事業破綻、二度の離婚を乗り越え、派手なパフォーマンスで大統領の座まで狙った。一方、オールドマネーのニューヨークのエスタブリッシュメントは、トランプが契約を守らないことを〝前提〟に行動するディールメーカーであることを身にしみて知っている。他人の犠牲の上に自己の成功を築き上げて来たトランプが大統領になることを危険視しているのだ。トランプが大統領になれなかったならば、彼は裸の乞食同然となるのだろう。

古典から読み解く

さて、ここからは、お金の精神的な点に関して、私が触れた古典を引用しながら、ポイントに迫ってみる。

①『国家論』 プラトン

ギリシャの哲学者プラトンは、『国家論』の冒頭でソクラテスの言葉を引用している。「人物が立派でも、貧乏していたら、老年はあまり楽でないし、また人物が立派でなければ、お金持ちになったからとて、安心持続することは決してない。」

私たちは「太った豚になるよりは痩せたソクラテスになるべきだ」という教養主義の規範的ことばを聞いて知っている（一九六四年三月に東京大学の大河内一男総長が卒業式の式辞でこう述べたとされる）。そこからイメージされるソクラテスは、「太った豚」（世俗的成功を収めた金満家）と相対する、清貧で仙人のような哲学者である。

しかし、プラトンの引用を読むと、ソクラテスは決して現実離れした人ではなく、むしろ金銭の必要悪を知り、人生の機微をわきまえた賢者だと思えてくる。もっとも彼の価値を理解しなかった悪妻クサンチッペにいじめられて苦労したせいで、内面の苦難を昇華し、優れた哲学者になったのかもしれない（クサンチッペは悪妻の代名詞になっている）。

ソクラテスのコメントにおいて、特に、「人物が立派でないと富は持続できない」というくだりが重要なのだ。富を「安心持続」させなければ、富裕であることに終止符を打つことになるからである。

実際に大方のパターンは、一代目が貧乏からはい上がって富を築き、二代目がどんちゃん騒ぎの末、放蕩《ほうとう》を尽くし、三代目が死ぬころまでには一家は借金で首が回らなくなっている、といったようなものである。こうしたことを避けるためには、「人物が立派な」二代目・三代目が続き、富を持続させなければならない。逆に言うと、代々続くファミリー・オフィスのシンジケートは、富を持続させる資産保全のノウハウがしっかりと守られた結果なのだ。

②『アテネのタイモン』（Timon of Athens）ウィリアム・シェークスピア

私はニューヨークに住んでいた頃、ブロードウェイやオフブロードウェイに加え、ロイヤル・シェークスピア劇団の公演にもよく通った。さまざまな舞台・演劇を生で見られるのは本当に素晴らしかった。そのなかで、シェークスピアの最後の戯曲「アテネのタイモン」を見て、大変ショックを受けたことがあった。

もう二〇年も前のことだが、当時、スティーブン・コーヴィー著『七つの習慣』（The 7 Habits of Highly Effective People）がベストセラーだった。その第2章「第二の習慣」に「終わりを思い描くことから始める」とあり、自分が死んだときに墓碑銘に何と刻んでほしいか、どのような人生を歩んだ人として人々の記憶にとどまりたいかを考え、そして、人生の本当の目的のために残された時間を有効に使いなさいという自己啓発のくだりがある。私は自分の墓碑銘の言葉について思いめぐらしていた。そのときに見たのがこの劇だったのだ。

アテネのタイモンはどのような言葉を碑に刻んだのか。以下長くなるが、そのあらましを紹介する。（Wikipediaより一部引用）

アテネの貴族タイモンは、友情に篤《あつ》く、持ち前の気前よさから、困っている者があれ

ば莫大な財産を惜しみなく分け与え、いつも豪勢な宴会を催していた。お金目当てに近づいてくる人々を友と呼び、疑おうとしないタイモンを、皮肉屋の哲学者アペマンタスはあざ笑う。そのうちにタイモンの財源は底をつき、借金だけがかさんでゆく。

やがて、執事フレイヴィアスから自分の財産の実情を聞かされるが、タイモンはまだ事の重大さに気づかず、かつて恩を施した友人たちに一時借金を申し出れば、わけなく負債の返済はできると考えている。

しかし、タイモンの窮状を聞かされても、彼に財を貸そうとする者はひとりとして現れない。それまで友と信じてきた者たちの実態を知って、タイモンは怒りと絶望のあまり狂気に陥る。このままではすまされないとばかり、みなを招待すると、恥知らずにも集まってきた貴族たちに、湯だけの料理を出し、罵声《ばせい》と湯を浴びせかけ、ついには皿を投げつけて追い返す。

一方、アルシバイアディーズ将軍は、友人が犯した罪をアテネへの軍功ゆえに赦免して欲しいと願い出るが、許されない。さらに抗議すると、追放の刑に処せられ、復讐を誓って、アテネを出てゆく。

富を失い、人を信じる心を失いアテネを去ったタイモンは、世捨て人として海岸に近い森の洞窟に住む。いつものように人間への呪いを吐きつけながら、食料の草の根を掘っていると、大量の金を掘り当てる。埋め戻そうとするところへ、アテネを滅ぼそうと蜂起したアルシバイアディーズの反乱軍が通りかかったので、アテネの全滅を願って、タイモンは掘り当てた金を彼に与える。

タイモンが大金を手に入れたらしいという噂を聞きつけた人々や、アルシバイアディーズの反乱を鎮めるため彼の力を必要する元老院議員らが、タイモンに頼みにやってくるが、彼はまったく相手にしない。結局アテネ側は将軍に和解を申し入れ、将軍は自分とタイモンの敵のみを処刑することを条件に和解を受け入れる。そこへタイモンのもとへ行っていた兵士が戻り、彼が海辺で息絶えていたこと、また墓碑銘に呪いの言葉が刻まれていたことを将軍に告げる。

自分の墓碑銘に呪いの言葉を刻むとは、人として何ということか。タイモンの人生の意義は何だったのか。タイモンはカネをばらまいて友情を買おうとしたのであろうか。育ちが良すぎて人が善すぎたとしても、浅はかすぎる。恵まれた境遇を有り難いと感謝することもなく、与えられた富を有効活用することもなく、人々の信用や尊敬を得ることもなく、人生の深い意味を知ることもなく、人々を恨み、心も頭も壊れてしまった。なんともったいないではないか！

もしかしたらタイモンのような人は、どこにでもいるかもしれない。たとえば、子供におカネを与えても、子供は親に感謝もしない冷たい人間になってしまう。タイモンを反面教師とし、タイモンのような悲惨な人生を送らないためにはどうすればよいのか。

タイモンの一生の終わりから彼の人生が始まっていれば、彼はもっと有意義な人生を送り、墓碑銘には呪いの言葉ではなく、愛や感謝のことばを刻んだのではないか。「貧苦に会わざるは不幸の始まりなり」と言われている。貧苦や孤独を知らなければ、そこからの解放の喜びと感謝を知ることはないのである。

「内面の財」を失う日本人

③「生活の貧しさと心の貧しさ」大塚久雄（『大塚久雄著作集第10巻』）

タイモンを踏まえ、マタイ伝「心の貧しい者は幸いである。天国は彼らのものである」の意味を考えてみよう。

私は大学時代、西洋経済史のゼミで勉強した。私の指導教授は中村勝巳先生。先生は矢内原忠雄氏直系の無教会派の方で、信仰深く誠実で素晴らしい人格者であった。私は中村先生の信仰と学問には大きな影響を受けた。そしてゼミでは、同じく無教会派の大塚久雄氏の西洋経済史やマックス・ウェーバー『プロテスタンティズムの倫理と資本主義の精神』

を学んだ。

私の手元には『大塚久雄著作集』全一〇巻があり、時々手に取って読み直す。そのたびごとに、かつて中村勝巳先生のゼミで書き込んだ自分の鉛筆メモを懐かしく感じる。驚くべきは、大塚史学そのものが二一世紀の日本社会の問題の本質を鋭く突いていることだ。

一九六七年に、大塚氏は「生活の貧しさと心の貧しさ」と題する講演を行った。『大塚久雄著作集』第一〇巻にその内容が記されている。一九六七年といえば、東京オリンピックの三年後で、日本が奇跡の高度成長を成し遂げたころだ。この時期に、大塚氏は日本人が物質的豊かさを求めるあまり、心の貧しさといった社会の根本的な問題をないがしろにしていると危機感を露にしていた。そして、その危機感を非常に体系的にまとめていた。もちろん、敬虔《けいけん》なクリスチャンとしての彼の価値観に基づいて体系立てているとはいえ、たいへん論理的なものであった。以下、私なりにその内容をまとめてみた。

まず、聖書では「心の貧しさ」（精神的貧困）と「生活の貧しさ」（経済的貧困）を区別している。また、「外面的な財」（お金や社会的地位・特権）と「内面的な財」とも区別している。

例として、『ルカ伝』にはザアカイという「収税人のかしら」が出てくる。ザアカイは大金持ちで、あり余る外面的な財がある。しかし、彼は罪人のように扱われ、人前には顔を出せないほど社会から蔑まれている。そのため、内面の名誉感を喪失し、自分の人生に積極的な意味を見出せない。その意味で、彼は「内面の財」を持っていない。

あるとき、ザアカイはイエスを自分の家に呼び、「主よ、私は誓って自分の財産の半分を貧民に施します。また、もしだれかから不正な取り立てをしていましたら、それを四倍にして返します」と言った。イエスは高く評価され、非常に喜ばれた。これがザアカイの心の貧しさに対してかけがえのない救いになった。「内面の財」を取り戻したのだ。

ザアカイの例は、お金があって心の貧しいケースである。一方、経済的貧困が精神的貧困を生み出すケースがある。大塚氏は「教育ママ」の例をあげている。高度成長期に、多くの日本人は「いまよりも豊かな暮らしをしたい」と強く願った。母親は子供に一流大学に行き、社会の序列を上げるようにと叱咤《しった》激励した。

子供にとってみれば、受験に失敗すればあたかも生きる意味を奪われたように感じるし、あるいは、みごと東大に進学できても生きる意味を見出せないならば、「精神的貧困」のまま満たされることがない。子供は「精神的搾取」を受けていることを自覚できないので、なおさら自分を苦しめ、経済的に豊かになるチャンスを逃すことにもなる。

大塚氏は「経済的な貧困の奥底には精神的な貧困が横たわっている」「心の貧しさが根本的である」と指摘する。精神的貧困の問題が何らかの形であらかじめ解決されていなければ、経済的な貧困の問題も解決のメドが見出せない。解決のメドはどうすればつくのか。

「価値の根本的な変革」は徹底して実施されなければならない

この点について、大塚氏は、この社会で生きて行く積極的な意味を見出すことができないと感じる、奴隷であると感じる、これこそが「精神的貧困」であり、経済的貧困とちがって精神的貧困は人間が自覚してはじめて存在するのだと指摘する。ここで、内面の価値転換が起こらないと人間は奴隷状態から自らを解放できない。精神的貧困が自分の問題として意識されて、その現状を乗り越えてさらに良い状態を創り出そう、少しでも理想に近い状況を創り出そうとすることが、内面の価値転換である。この奴隷状態からの脱出こそが解決であり、価値の根本的な変革となる。

具体的に、「価値の根本的な変革」とはどういうことか。大塚氏は、ペテロのように、イエスの高い教えと人格にふれて、自らの心の貧しさを自覚し、これまでの価値観を転倒させてまったく逆に、真に心の豊かな人になった例をあげている。悔い改め、使命感に向かって進む、精神的な生命力を持つ人になる、そうした人格の「再生」である。

ただし、大塚氏はここで釘を刺す。「価値の根本的な変革」は徹底して実施されなければならず、中途半端に行えば「経済的搾取に反対しながら、他人を精神的に搾取してしまう」と警告する。「価値の根本的な変革」の徹底には現世を超える価値が必要だと述べている。そこには、宇宙観、世界観、宗教観を支える「知性や科学を超える」もの、絶対的な神が必要なのである。

経済的搾取のウラ側で精神的搾取の拡大再生産が行われてきた

このように「生活の貧しさと心の貧しさ」を突き詰めていくと、「価値の根本的な変革」、すなわち革命、いまの言葉でいうとパラダイムシフトを起こすことが解決となる。

それでは、こうした変革を経て「真に心の豊かな人」となり、かつ経済的勝者になることは可能なのだろうか？

日本人は、戦後から高度成長期にかけて「経済的飢餓」から解放されるために一生懸命働いた。まさに「三丁目の夕陽」の時代である。

肉体的には辛かったけれども、将来への希望があった。やがて、七〇年代に安定成長期に入り、生活も安定した。その先の八〇年代のバブル期を経て、日本人は世界中の有名ブランドを買いあさるほど豊かになった。

九〇年にはバブルが破綻し、その後はデフレ不況が続き、年功序列や終身雇用制度も崩れ、コストカットと成果主義が浸透し、サラリーマン社会は昔よりもずっとせせこましくなった。サラリーマンは身の保全のためにはなんとか会社にしがみつかなくてはならず、経済的安定と引き換えに自らを社畜とするあまり、うつ病の人が増えた。働き盛りの男性の自殺も増えた。

二一世紀になってから、特に小泉政権後に所得格差が拡大し、中間層の両極分解とともに、「経済的搾取」のウラ側で「精神的搾取」の構造もまた、拡大再生産されてきたと実感する。

グローバル化の先行きにも陰りが見えてくるなか、私たちは、どのようにしたら心の貧しさが癒やされ、名誉感や尊厳をとり戻し、自分がこの社会に生きていることに積極的な意味があると知ることができるのだろうか。

私はその具体的なソリューションを或るファミリー・オフィスの一族の方々（Kファミリー）の活動に見出している。以下、超富裕層が「精神的貧困」を解決した上で「経済的貧困」に陥ることなく、代々にわたり富を持続する実像を具体的に記そう。

或る超富裕層の投資法

ＰＫ氏の祖父は、ユダヤ系オーストリア人で一九世紀後半にマンハッタンへ移住してきた。ちょうど明治維新の頃になる。祖父は若く貧しく、八百屋で働きながら蓄財し、なんとか家賃を払っても生計が立つようになったので、自分はもう少し安い部屋を借りて最初のアパートを又貸し、その差額を貯蓄し、今度はアパートやビルを買っては賃貸するようになった。折しも一九世紀末からのマンハッタン不動産開発ブームに乗って、大きな富を築くことができた。

ＰＫ氏は御年七二歳で、ファミリー三代目である。Ｋファミリーはいまでもマンハッタンの有名不動産をいくつも保有し、セントラルパークを見下ろす五番街に住まいする超富裕層である。

ＰＫ氏は子供の頃からクリスマス・プレゼントに父親から日本の『四季報』のような資料を渡され、企業調査や株式投資をしていたそうだ。そのためか父の不動産業を継がずに、四〇年前の結婚を機に自らの資産運用会社を立ち上げ、ヘッジファンドやプライベートエクイティといった新たなオルタナティブ投資運用で成功してきた。

ＰＫ氏の投資哲学は「将来を正確に見通す、あるいは予測することは不可能である。経済環境や市場動向はあまりにも急速に変化し、グローバルマクロ戦略のヘッジファンドのように、相場の方向性を予想してポジションを取る事はあまりにも不確実である」ことをベースとしている。つまり、相場がこれから上がるのか下がるのかといった方向性に賭けない、そのためにはさまざまな異なる資産・戦略に分散投資することで、リスクを最小化するというものである。

PK氏はファミリーの資産を優れたマネジャーに託し、分散投資をするためにポートフォリオを組み、リスクを最小化することで、長期にわたり安定的な資産保全を実践してきた。まさに絶対値収益を積み上げるポートフォリオ運用のイロハをコツコツ実践し、教科書どおりに複利効果の成果を得てきたのだ。

仮に年率八％で一〇年間運用すれば、資産はほぼ二倍になる。三〇年（一世代）で一〇倍になる。そして、九〇年（三世代）で約一〇〇〇倍になる。祖父の一億円の元手は孫の代で一千億円となる。これこそがロックフェラーやグッゲンハイムなどオールドマネーが代々資産を守り、守ることで増やしてきた正統的な資産保全のやり方なのである。

慈善活動を続けるために不可欠な資産保全のエンジン

Kファミリーもまた、事業で成功した他のファミリーの資金を自身のファミリーの資金とともに運用してきた。PK氏は、過去三〇年にわたりダイヤモンド・ファミリーの資産を運用してきた。

ダイヤモンド夫妻は慈善事業家としても著名であった。アーロン・ダイヤモンド氏が他界したときに、ＰＫ氏が運用して来た一族の資産は五〇〇億円に増えていた。この資産をダイヤモンド夫人はエイズ研究所にそっくり寄付した。いまはロックフェラー大学の一機関Aaron Diamond AIS Research Centerとして、医学の進歩に貢献している。

ＰＫ氏夫妻もまた、慈善事業を積極的に行っている。二〇ほどのＮＰＯに寄付し、理事職にも就いている。

ＰＫ氏は外交問題評議会やブルッキングス研究所など国際関係や安全保障に関わるシンクタンクの理事職、そして、東洋美術愛好家としてサックラー・ギャラリーなど美術館、世界中の歴史的な建築物や遺産の保護修復活動を支援するワールドモニュメント財団の理事職にある。

同財団では、地元の協力を得て愛媛県大洲《おおず》市の少彦名命神社の修復を行い、ついこのあいだ、この保存活動が二〇一六年ユネスコのアジア太平洋地域でトップ賞を受賞した。このような日本の歴史的な建築物について、私もＰＫ氏から聞くまで、まったく知らなかった。世界の人たちが大切にしてくれている日本の遺産に無知であったことを日本人として反省すると同時に、こうした活動を心からありがたいと感じた。

このように、シンジケートのファミリーは富を持続させながら、同時にその富を社会のため、人類のために還元している。慈善活動を行う理由は、ザアカイのように罪をつぐなうためというだけではない。もっと積極的に自分のできることをやって世界平和に貢献したいという意思表示なのである。

一方、寄付をどんどん続ければ、いずれ資金は尽きてしまう。タイモンのように財産を使い切ってしまわないためには、増やす努力、賢い運用が不可欠である。資産保全のエンジンがあってはじめて、持続的な慈善活動が可能になるのだから。こうした仕組みは、ビル・ゲイツ財団やハーバード大学基金など、多くの著名な基金で実践されている。

事業で成功を収めた人々が公共の福祉を願い、人類の進歩、世界平和のために意味のある慈善活動を実践するならば、富を獲得しても尊厳を失うことなく、その活動の価値を認められ、癒やされることになる。

逆に、お金があることに甘んじてタイモンのように放蕩に明け暮れれば、きっとお金を失い、人間を呪うことになるはずだ。タイモンはなぜ癒やされることがなかったのか、お金を持って尊厳を持って生きるにはどうすべきだったのか。その答えはここにある。

ニューマネー層（IT長者など）がはまりやすい陥穽

資産保全と慈善活動の両輪がバランスよく機能していく米国のファミリー・オフィスについて、私の実体験を記してきたが、もう少し体系的に整理してみよう。ここには段階的に以下のようなステージがある。

①創業の精神と新規事業（ベンチャー）

創業者は自らの夢（創業の精神）を実現しようと、新規事業を立ち上げる。幾多の困難を乗り越え、創業者（経営者）は事業を拡大成長へ導く。

②事業の成功と資産形成

事業会社は新規株式公開（ＩＰＯ）を果たし、創業者はオーナー経営者として創業利益を得る。これまでの苦労が報われ、一気に資産形成ができる。

③資産保全と慈善事業

創業者は資産保全のために財団や資産管理会社を作る。同時に、公共の福祉や文化や医学、科学の発展のために慈善事業を行う。この段階で、創業者は社会的名誉と自己充足、ノブレス・オブリージュを果たした人格者として尊敬され、精神的安定を得る境地に達するだろう。

④社会貢献と新たな価値創造

社会貢献は創業の精神に新たな価値を付加し、さらに、企業の社会的責任の点からも企業イメージを良くする。その結果、事業においてもさらなる経済的利益を生むという好循環を作り出す。

日本でも、この第一段階から第二段階までに至る成功者は多々いる。戦後の高度成長期が終わり、オーナー経営者の世代交代が進み、これからは第三と第四段階の局面で代々好循環を作り出していくフェーズに入ったといえよう。

さらに立ち入って、資産保全の心構えについて示すならば、特に一代で富を築いたニューマネー層（ＩＴ長者など）が陥りやすい注意すべき点がある。

昔から「不動産で儲けた人は不動産で財を失う。株で儲けた人は株で財を失う」と言われてきた。

たとえば、ベンチャー企業を立ち上げ、ＩＰＯで事業を成功に導き、まとまった富を得た人の多くは、新たなベンチャーを育てたいという意欲から、その資金を元手に新規事業に投資しがちである。そして十中八九、そうした投資は失敗に終わる。自分自身がベンチャーで成功したからといって、他の新事業投資に対して目利きになれるとは限らないからだ。成功者にはこの点が腑に落ちない、思いがけない落とし穴となる。

それを防ぐにはどうすべきか。本業とは異なるリスクの分散が必要なのである。その意味において、ＰＫ氏がファミリーの本業である不動産開発事業から距離を置いて、別の投資分野で資産保全に徹した運用を実施したというのは実に興味深い。

自分の分野で勝負したいと、同じゲームを繰り返せば、勝ったり負けたりして、結果プラスマイナス・ゼロになるのがいいところであろう。運が悪いと損を重ねて退場となる。事業で稼いだ資金は事業とは別の分野で資産保全に回す。資産保全の資金は、事業と同じリスクに晒さない。これがファミリー・オフィスによる分散の本懐なのである。

資産保全のための原資は当然事業収益の一部であるが、その運用は事業とは別の目的を持って行う。そのため、事業会社とは別途、財団や資産管理会社を通して、資産保全を実施し、その収益の一部を公共の福祉、社会貢献など慈善事業に充てる。こうした一貫性のある資金循環と管理をスムーズに行うのがファミリー・オフィスなのである。

日本でも財団という形で慈善事業を行う人物は多いのだが、その運用はというと、なかなか収益を積み上げて行くのがむずかしいようである。米国ＰＫ氏のポートフォリオは過去七年間、年平均リターン一三％、リスク四・四％。リスクが通常の株式相場（Ｓ＆Ｐ５００指数）の三分の一以下にコントロールされている点が特徴である。

ミレニアル世代に託すこの国の未来

日本は敗戦後、マッカーサーによる占領下、財閥解体や教育改革、農地改革などが実施され、軍国体制は解体された。同時に、家を守る、家訓を大事にするなど、家制度もまた崩壊した。

戦後七二年となり、かつての創業の精神が失われ、事業承継がますます難しくなっていると言われるが、それは創業者亡き後「精神的支柱の喪失」から来る「心の貧しさ」のせいかもしれない。

戦後日本人が築き上げて来た富や繁栄の原動力となったのは、昭和天皇のお姿であったという話を聞いたことがある。外地から引き揚げ、焼け野原で裸一貫から事業を興した戦後の成功者たちが、昭和天皇が崩御され、精神的に愕然《がくぜん》となり、ガックリきてしまった。昭和天皇は昭和の財界人の〝精神的支柱〟にほかならなかったのである。

そう考えると、数年内（私は二年後と予測している）に今上天皇が生前退位されるとなれば、その後に続く日本の経営者もまた精神的支柱を失ってしまうのではないかと心配せざるを得ない。

私たち戦後世代は、「外面的な財」を引き継ぐことはできる。少なくともまだ日本はGDPで世界第三位にとどまっている。しかし、今後もこの地位を守り、将来にわたりずっと平和と繁栄を築いていくには、並大抵の努力ではかなわない。

いまある資産を保全していかなければならず、そのためには、「内面的な財」を再び取り戻し、充実させ、将来の目的と希望を見出さねばならない。

さもないと「心の貧しさ（精神的貧困）」から「生活の貧しさ（経済的貧困）」のアリ地獄に陥り、あがいてもあがいても抜け出せなくなってしまうであろう。二一世紀の日本人はタイモンのようになってしまうと、私は大変な危機感を募らせている。

私は昨年出版した共著『この国を縛り続ける金融・戦争・契約』（ビジネス社）において、すでに「戦後レジーム」が終焉したことを伝えた。日本が真に独立国家として生き延び、存在し続けるために、これまでのやり方を見直し、「価値の根本的な変革」を起こすときが来ている。

日本人が自らの尊厳を賭けて資産を守り、家族を守り、地域社会を守り、国を守る。その上に「精神的豊かさ」を伴う真の繁栄があるはずである。私はそのエッセンスを本居宣長の神学大系『古事記伝』に見出している。

実に日本人の「内面の財」は、私たちのことばや生活習慣、神仏習合の共同体など、DNAのように私たちの一部として内在している。私たちの「内面の財」であるご先祖様が大事にしてきた日々の生活、自然を敬う気持ち、価値を取り戻し、二一世紀にふさわしい形に再興するのである。それほど難しいことではあるまい。

私はその契機を「森林里山再生」にあると見ている。詳しくは終章「日本再生への道森林里山再生こそが国土防衛―林徳彦氏との対談」をご覧いただきたい。

私は、一昨年、松阪市にある本居宣長記念館を訪れ、本居宣長の研究者である吉田悦之館長のお話を伺った。日本の原点には、中国から漢字文化が入る大化の改新・律令制以前のやまとことばで語り継がれた宇宙観・世界観があるのだ。

日本人が築いて来た富を守り、家族を守り、地域を守り、国を守る。そのためには、新しい共同体（コミュニティ）と自治が不可欠である。ミレニアル世代がそのルールを整え、新たな経済プラットフォームを作っていくことになることを望んでやまない。

終章

日本再生への道

森林里山再生こそが国土防衛——林徳彦氏との対談

林 徳彦 プロフィール
（はやし　なるひこ）1941年愛知県名古屋市生まれ。政綱会会長。50年以上にわたり、企業経営者、財界・政界の要人に経営戦略を指導、新商品開発、後継者教育などを行って来た。国立三重大学の客員として5年間学生の指導にもあたった。著書に『人生の羅針盤』『経営の羅針盤』『五こうどう』がある。

森林里山再生こそが国土防衛

大井　林先生は不思議な方です。御年七三歳。一七歳のときからトヨタの石田退三さんをはじめ当時の財界と深く関わってきました。林先生もまた、日本はいい加減に変わらないといけないと考えていらっしゃいます。昨今の集団的自衛権に関しても、日本の自主防衛とは軍事・武器弾薬の問題ではなく、まず、国土防衛、国民が飢えないよう森林里山を守ることだとおっしゃいます。

林　私は戦争の体験をしています。日本が戦争になったらまず食べ物がなくなります。国民が飢えます。飢えで誰が一番苦しむか。小さな子供を抱えたお母さんたちです。子供に食べさせるものがない、これは母親として実につらいことです。集団的自衛権の問題では、戦争を経験したこともない政治家が軍事や武器供与の話を進めていますが、安全保障の基本とは、国民が飢えることのない国づくりです。

そもそも自主防衛のためにどのような防衛力が必要なのか？　最新型F戦闘機があっても操縦できるパイロットは限られています。高価な武力を揃えても、持久戦になったら、日本には食料、燃料が入って来なくなるのです。

もし戦争になれば敵方は、真っ先に海洋上の艦船から日本の海岸線にあります原子力発電所五五基に狙いを定め巡航ミサイル（一機一億円もしない巡航誘導ミサイル）の攻撃を仕掛けます。無防備な日本の原発は簡単に爆破されれば、即メルトダウン、日本国土は放射能で人が住めなくなります。国民は全て放射能の無い国に難民として避難を余儀なくされます。

一億人の国民を誰が何を使って、安全な国に運び出すのか、また日本国民に同情して諸外国は簡単に避難民として受け入れてくれるのかその保障もない。言葉も違う国に日本国民が避難すれば、国民の大多数は飢えに苦しみ難民総餓死することになる。避難せず強烈な放射能で日本国土で死ぬか、選択肢は二つに一つです。

国民の血税を使って衆議院解散総選挙（選挙執行管理費にいくら使うか総理大臣は知っての解散か）など国会議員ゴッコをしているときではありません。こんな簡単なことがわからない国会議員は即議員を辞めるべきです、だから国民は本能的に原発を反対しているのです。

大井さん、六六六億二一〇万円。平成二四年、二年前の選挙で使ったお金です。

平和な国日本を維持する最善策

林　日本民族と国家が存続するには、昨今の急激な国際情勢の変化や自然災害に備え、国民の生命と財産を守るという国土防衛が必要です。まずは、日本の森林里山を再生し、地域の自律的な成長を図り、食料自給体制を作るべきではないでしょうか。さらに、若い人たちが里山に入って生活が成り立つような仕組みづくりが必要です。結婚して家族で一軒家に住めるくらいの収入ができなければ魅力がありません。

若い人がフリーターで都会に出て来て働き続けることは精神的も辛いことです。うつになるのも当然です。もし里山で生活できるのであれば、そうした選択肢もあってしかるべきです。森林里山を再生させ、食料自給を基盤に平和国家としての新しい「国体」の仕組みがあってしかるべきです。これこそ、「集団的自衛権」擁立の前になすべき緊急かつ重要な「成長戦略」です。

そのうえで、国防と防災に注力するとよいと思います。他国が侵略することのない基盤があってこそ、「国づくり」と成長が可能になります。真の「国づくり」は森林里山再生から発し、ライフライン（水、食料、燃料）の確保が必須です。

大井　先生のご指摘をマクロ経済的に言うと、日本は「他律的な加工貿易国家」から「自律的な国民経済」への産業構造の転換が必要です。そのために、自律的農業、農業の工業化を基盤とした地域経済の成長を図りたいと考えます。森林里山再生を中核とした新しい成長戦略による国富倍増計画とでもいいましょうか。

林　私は真の「集団的自衛権」を「集団的自衛農業権」ととらえ、森林里山再生を図ることだと考えます。繰り返しますが、真の国土防衛とは軍備や武器弾薬ではない。国民の生命と財産を守ることです。防災および国民の飢餓を回避することです。何度も言いますが、「集団的自衛権」では、まず国民のライフライン（食料、燃料、水）の確保が先決です。

日本人は喉元過ぎると忘れるのが早い国民性です。3・11の大災害時を思い起こしてください。あっという間に東京のコンビニからおにぎりや水がなくなったではないですか。ライフラインの供給を止められたら、都内だって三日ともちません。戦争するどころではありません。

また、飢餓といっても今の若い人たちは想像できないかもしれませんが、食料、水、燃料がなく、文字通りご飯が食べられない状態をいう。お米があっても水と燃料がなければご飯は食べられないのです。戦争中がそうでした。戦争になると力の弱い婦女子と年寄りが略奪を受ける。子供を抱えた母親がもっとも悲しい思いをする。シリアの難民キャンプをみても、戦争の最終的な到達点には常に食料の奪い合いがあるのです。

こうした現実を踏まえ、日本が目指す国土防衛は、まず食料自給率を向上させて、余ったものは難民等の援助物質として提供するのがよいです。人道的ODAの一環としてメイド・イン・ジャパン印「ライフライン・パッケージ（米、炭、コンロなど）」を無償援助する。「もったいない」に加え「ごちそうさん」の日本精神が世界で尊ばれます。

大井　ODAに「ライフライン・パッケージ」とは、林先生の発想はユニークですね。

林　それと、日本政府は今後五年間で、この五〇年間整備されなかった森林里山を整備し、国民の暮らしを維持するための穀物と燃料の増産に力を入れ、食料自給率一三〇％を目指す。TPP関税撤廃後に日本の安全な米や工場で生産される野菜、美味しい果物等を特に中国へ輸出する。中国の食料自給率を低下させれば戦争を未然に防ぐ抑止力となります。

余剰食料や炭などの燃料を「メイド・イン・ジャパン」支援物資として難民キャンプ等へ無償提供し、平和外交をリードする。こうしたことが平和国家としての日本の役目だと思います。

ウッドジョブ担い手として自衛隊を活用せよ

林　森林里山再生こそ、日本が世界と共存して生きる道だと私は思いますよ。最近「WOOD JOB！（ウッジョブ）」という映画がありましたが、森林里山再生の具体的な担い手として、渋谷辺りの若者がいきなり山に入っても何の役にも立ちません。

やはり、山の伐採には山に入ることに慣れている人で、山の整備に生き甲斐を求める人が求められます。即戦力となる人材は、陸上自衛隊三年除隊員の中から募るのがよいと思います。

大井さん、私は除隊員のご両親の方々の相談に乗ることがあります。せっかく自衛隊に入っても昇進試験に落ち続けてしまうと除隊されるという仕組みがあります。除隊後にはなかなか民間で就職先が見つからず親御さんが困っておられます。

そうした彼らは、入山経験従事者（木こり）の候補者になれるのです。体力・氣力・訓練された機械科連隊の隊員は優れているし、特殊機械を扱うことにも慣れているので、除隊隊員を「木こり」に養成するにあたり、林野庁職員及び指定業者が指導・研修するとよいと思います。

具体的な募集については、陸上自衛隊内の厚生班・就職斡旋班（地域によっては呼び名が違う場合がある）の協力を得ます。森林里山再生の協力隊員の給料は除隊時と同じレベルを保証する。さらに、森林里山の再生に希望をもってあたれるよう将来へのインセンティブを示す。ここまで具体的に働き手について言うと、現実味が出てきますでしょう。こうして森林里山再生の事例を重ねることで、非正規雇用の若い世代にも希望をもって生活してもらえるような地域社会基盤を整備していけます。大都会以外にも自立して生活し、家族を作り、幸せに暮らせる選択肢を提供する。若年層が地方に流入すれば、人口減少および少子化に少しでも歯止めをかけることができます。

メタボ状態の森林に入って間伐材を取り除くのは大変な作業ですが、山がきれいになり、畑がアルカリ土壌になり、水がきれいになります。切り出した間伐材は住宅用の国産木材として、「森林再生ファンド」で使用する建材として利用してもらいます。葉っぱも土壌改良の有機肥料として役立ちます、山の資源は無駄が一つも有りません。

今、森林では竹が山を侵食しています。そのため、山の保水力が低下し、森林が育たない。広島市での集中豪雨では土石流で住宅が流され、多くの方が亡くなりました。山の深層崩壊も、起こると大変恐ろしい災害になります。山の環境清掃は、土石流防止、人命保護に貢献し、緊急災害予算の削減にもなるのです。

そして、山の清掃で得た竹は、竹炭として燃料にし、一部は粉砕し畑の肥料として活用すると、竹は山に従事する人たちの副収入源となります。炭や土壌改良で収穫した作物は最終ユーザー向けに出荷します。あるいは、私は、海外援助物資として輸出しても良いと思います。

私の名は「林」で、名前のとおり、先祖代々の山を持っています。だから山の実態については詳しいのですよ。

竹炭で森林を再生する

大井　たしかに先生のお話を伺っていると、相当具体的なイメージがわいてきますね。竹炭と言われましたが、燃料としての炭を作るのですか？ 昔の炭焼き小屋の復活でしょうか？

林　炭も大事な燃料です。

炭は日本独特の燃料の開発であり、欧米では炭という概念がないのです。日本は世界有数の森林国であり、過去半世紀間手つかずの森林を有効活用することは、二一世紀の日本の使命ともいえると思います。

炭について言いますと、中京大学では新しい炭の研究が進んでいます。昔の炭焼き小屋のような原始的なものではありません。産学連携の「竹炭プロジェクト」といって、最新の科学的な設備もあります。竹炭は放射性物質の除去にも効果があるということで、その研究も進んでいます。本当に良い炭は、叩くとカチーンと鋭い高い音がします。電気も通します。火力も強く、長く燃えます。一酸化炭素も出ません。だから、難民キャンプで煮炊きしても大丈夫です。もちろん、正しい炭の使い方をきちんと教えないといけませんがね。

竹炭もそうですが、自然からの力を頂き、燃料を国内で調達できるシステムを構築することは、日本が今後二〇年でやらなければならない課せられたテーマですね。

ダムの再生をはかる

林　特に森林再生に関連して言うと、水力発電については建設から五〇、六〇年経過したダムを再生する必要があります。山から流れ込む土が堆積し、中小河川にあるダムの機能が五〇年経過して失われつつあるのです。

ダムの大半は、堆積土に埋もれて機能していない。こうしたダムを一度破壊し、昔の清流を五年間で取り戻し、木材を筏《いかだ》で組み合わせて麓の製材工場まで大量輸送すれば、林道建設が省け、清流のおかげで山が整備され、里の田畑への水源も円滑に確保できる。そこから必要に応じて新技術を取り入れた二一世紀に相応しい新しいダムを再構築すれば、効率の良い水力発電が可能になります。日本の最新の土木工学の技術を活かした新しいダム建設は海外に供与できます。

大井　高度成長期のときに破壊された自然を取り戻し、またダムももっと効率のよいものに作り替えるとなると、本当の内需拡大になりますね。お金を回せるよう地元が率先する「インフラ・ファンド」も必要でしょう。

日本版オーナーシップ・ソサイエティ　新たな農地改革を

大井　先生は、農業の大規模化や株式会社化についてはどうお考えでしょうか？

林　私は農業については、単に大規模化や株式会社化すればよいとは思いません。大井さん、日本の田んぼにはなぜ「あぜ道」があるか知っていますか？　かつての地主制度の名残です。水利権、あぜ道や区割りを見直し、一本化し、効率化を図るには、既存の複雑に入り組んだ土地制度や村組織も同時に新しいものに変えて行かないと、新しい農業はできませんよ。

大井　私も大学時代に経済史で土地制度史や共同体論を勉強しましたので、入会権や水利権など、独特な共同体規制があるのは知っています。しかし、本で読んだだけですから、村落共同体の人間関係や支配関係なども含めて、実際の土地にまつわる自主規制がどうなっているのかは詳しくはわかりません。

ただ、既存の農地ではなく、新たに耕作放棄地を開墾する場合であれば、新しい共同体を作れると思います。入植者が地権者となり、拠出された土地を資本に「集団的農業」を行うことになります。

アメリカ経済史を学んだのですが、植民地時代の米国では、「独立自営農民」が自主的に運営し、集団の長（コミュニティ・リーダー）は問題解決型の「寄り合い」（タウン・ミーティング）を組織し、直接民主主義を行うコミュニティの自治（タウンシップ）があるのです。米国社会は独立自営業者による「オーナーシップ・ソサイエティ」の原則が貫かれていますね。

つまり、土地所有者が独立自営農民で、かつ自治の担い手なのですね。ニューイングランドの古いタウンの真ん中には、集会所としてのタウンホールと教会がありますね。教会員であるという「共通の価値観」が絆を強め、開拓していったという歴史があります。

日本でも各地域にふさわしい「地域おこし」で手作りの自治が実現していけばよいと思います。お上任せでは自律的なコミュニティはできません。それと自分たちで稼いで経済的自立を果たし、そのお金をコミュニティのために回す自治組織が必要です。

そうでないと、従来の農協の「前貸し資本」による支配があって、既得権益を持つ権力者が若手の自主的なコミュニティづくりを疎外してしまいます。このまま無策で何もしなければ、人口減少で限界集落が消滅し、「そして誰もいなくなった」になってしまいます。

私は、日本版「オーナーシップ・ソサイエティ」が里山にできればよいと思います。日本風にいえば「新しき村」です。若者は「独立自営業者」として里山を開墾して土地の持ち分と住居を得ます。いわば会社でいう株式（エクイティ）ですね。まさに「オーナー」です。オーナーはコミュニティの一員として意思決定に対する参加資格を持ちます。株式会社の株主のようなものです。

原則として、一個人（オーナー）は地域社会の一員として経済活動を通して地域社会の富の形成に貢献し、その持ち分（エクイティ）に対して収益を受け取る権利があります。そういう意味での株式会社化であれば、個人のインセンティブを最大化するとともに、志を同じくする人々と協業し、公共の富の蓄積に貢献できます。

こうした基本的なルール作りがないと、水利権、入会権に至る共同体規制が利かなくなり、生産活動の絆が薄れてしまいます。昔の封建領主制な土地制度ではなく、近代的な土地をめぐる整備が必要です。そのうえで新しい農業共同体の組成ができるでしょう。新しい農地改革ともいえます。いずれにせよ、若い人々が森林里山で自立し、誇りと生き甲斐を持って生活できるようになれば、地方の人口減少を食い止めることができます。

さらに、こうした自治組織の上に民間資金を回すのです。これが「自由な資本」です。国や地方自治体の補助金に頼らなくても、「尾張元気ファンド」のような民間の仕組みがあれば地域の活性化は可能です。このファンドの特徴は、金融（特に不動産）の目利きであるアヴァルセック社の有田明浩社長と尾張地区の住宅メーカーとして四〇年以上の信用を築いて来た東新住建社主の深川堅治会長とのコンビが成功の秘訣でしょう。

同じような仕組みで、各地域に見合った活性化プランができ、そこにファンド運用のプロがコラボすれば、収益が生まれ、収益を求めてさらに投資を広げるというプラスのサイクルになって拡大していきます。

さらに、現在進行中の「森林再生ファンド」は国産材の使用を増やそうという取り組みです。山から木を切り出す一次産業からバリューチェーンを創り出して行くやり方です。同じことが、農業や水産業においても、それぞれの地域で自然・環境をベースに加工品を製造し、バリューチェーンを創り出すことができると思います。

　こうした発展系ができてくれば、経済史の大家、大塚久雄氏が国民経済論で説いたような「民富の形成とその在り方」、外需に頼るのではなく地域経済と国民経済と海外の経済が有機的につながっているような経済構造、諸々の産業がバランスよく有機的に存在を補完し合って産業連関をなしているような国民経済が再生できると思うのです。

集団的自衛権の意味

林　大井さんは、森林里山を再生することで新しい自律的な生産体制を作る、地域活性化を図るといった一連の経済成長の基盤についてお話ししましたね。

　私は、さらに安全保障の面からも集団的自衛権の意味を考える必要があると思います。「集団的自衛権」が国会で成立すれば一挙に戦争ができるようになります。「集団的自衛権」については、名目上、米国が戦争したときに日本が戦争参加するのが目的と言われていますが、成立するからには日本国土を「放射能防御シェルター」をめぐらしてハリネズミのような要塞にしないと防衛できません。

　例えば、先にも述べましたが日本にある五五基の原発をめがけて、艦船から打ち出される巡航誘導ミサイル（一機約一億円、合計五五億円）による奇襲攻撃を受けたならば、日本国土の海岸線にある原発は、福島原発の被害をはるかに超える損害を受け、メルトダウンします。日本国は千年以上住めない幻の国になる。「集団的自衛権」の成立とは、そこまでのリスクを覚悟すべき事案なのです。

私は現行の憲法を変えるべきでないと思います。いまの憲法下でできる安全保障を手がけることが重要です。実際、世界の戦争は第一次湾岸戦争以来大きく変わりました。「巡航誘導ミサイル」が簡単に入手できるようになり、アメリカ自身がロシア・北朝鮮・イランの弾道ミサイルの配備を脅威と位置付けている。日本も同盟国アメリカに依存するだけではなく、日本独自の技術力で日本国民を守るための抑止力・防衛手段としてミサイル防衛網を張りめぐらせる必要もあると思います。

二一世紀を日本人が生き抜くうえで、地域ぐるみで防災や治安に取り組むのと同時に、最小限の国防政策が望ましいです。まさに「備えあれば憂いなし」で、抑止力となります。

大井　二一世紀版「森林里山再生・国土防衛策」ですね。食料自給、森林資源を活かし、自然環境を守るのと同時に安全保障の面でも国土を守ることになりますね。

林先生、貴重なご意見をいただき、ありがとうございました。

林氏との対談は二〇一四年一二月一三日に行われたものです。

あとがき

本書は、日刊工業新聞の連載コラム「国際金融市場を読む」や私の講演、ニュースレター等で、私が日頃発信してきた内容をベースに加筆し、まとめたものである。

本書のタイトルと前書きを見て「これは大変だ！」と慌てふためく読者もいるかもしれない。しかし、思い出してほしい。危機のたびごとに日本人は力強く復活してきたことを。ジョン・ダワー著『敗北を抱きしめて　第二次大戦後の日本人』（岩波書店）を読むと、無茶苦茶な戦争を国民に強いた軍部と官僚組織が崩れ去り、自由になった民衆が米国主導の改革を歓迎、そこに希望を見出し、敗北から立ち上がる姿が描かれている。

これからの問題は、敗戦後の復活のやり方に収斂《しゅうれん》されよう。先の敗戦で日本は米国の占領下に置かれ、ラッキーなことにそれなりの支援を受けた。しかし、次に来る敗戦の後はそうはいかない。今度こそ、独立主権国家としての国家観・理念を強靭《きょうじん》なる背骨として、日本独自の「戦略の七階層」をつくりださなければならない。二一世紀の統治において特に重要なのは、軍事・金融・ＩＴが三位一体となった大戦略である。

その大戦略を動かしていくためには、しっかりとした国民経済の実体が不可欠なのは論をまたない。私は二〇一三年に『国富倍増』を著し、アベノミクスの限界について述べ、経済成長のためにリスクマネーを回す金融の新たな仕組みについて記した。そのときから三年を経て、私は成長どころか金融本体までもが本来の機能を失いつつあることに危機感を募らせている。本書は、金融が支える経済の実体についても言及した。

いまの日本で国民経済の基盤となり内需を作り出せるテーマは、森林里山再生だと私は確信している。終章で示したとおり、森林里山こそライフライン（食料、水、燃料）に関わるもっとも重要な日本の資産である。食料自給、国防などすべての基盤となるものである。

日本列島の地形はちょうど怪獣の背びれのようだ。高い山脈がそびえ、そこに広がる急傾斜の森林が海岸線まで迫っている。この宝の山を守り、育てていけば、日本人は生きていける。荒れ果てた里山を手入れし、耕作放棄地を復元し、宝を活かす必要がある。

実際、私は「森林里山ファンド」を設立し、一投資家として協力している。間伐材を切り出し、日本の技術を用いて集積材の形にして製材する。それで木造住宅を建て、住宅を販売して、事業収益を出す。収益をファンドの投資家に還元するという資本主義的な活動である。数億円規模の小さなファンドだが、過去三年以上の実績があり、実質利回り七％以上を実現してきた。個人投資家の出資額は百万円から数百万円だ。

森林里山ファンド

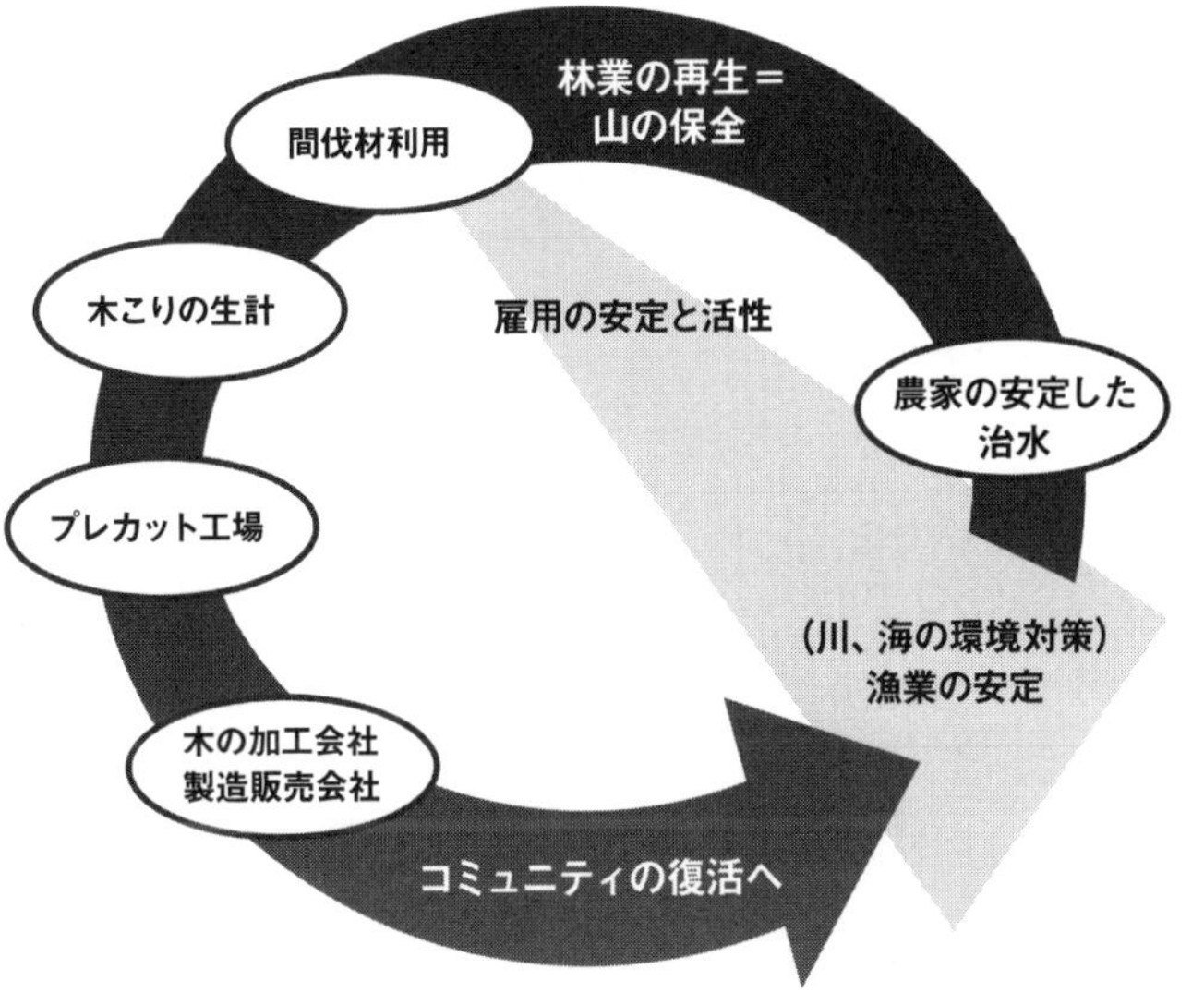

この「森林里山ファンド」は、一次産業（林業）→二次産業（住宅メーカー）→三次産業（住宅販売や住宅ローン）と産業連関するものだ。ファンドは住宅用地を確保するなど先行投資を行い、分譲住宅を建てると、その地域には人口が増え、商店ができるなど経済も実際に活性化している。この活動は公共の富に貢献し、堅実に拡大再生産を続けている。

こうした「森林里山ファンド」の取り組みとビジネスモデルは、じつに理にかなっている。経済学の祖アダム・スミス『国富論』における「自然の摂理による経済発展モデル」に則ったものなのだ。

アダム・スミスは、一国の経済は、農業→製造業→地域経済の拡大→国民経済の成立→海外貿易の順に拡大し、国富を累積すると説いている。そして、生産の担い手は封建制下の農奴から解放された「独立自営農民（ヨーマン）」であり、彼らが農業の工業化を押し進め、製造業を起こし、その余剰生産物を市場で自由に交換することで、地域経済の発展が広がっていく。大づかみではあるが、これが資本主義経済の原初的発展形態のイメージである。

さらに、大塚久雄氏は『共同体の基礎理論』（大塚久雄全集第七巻）において、共同体と物質的基盤（土地と生産手段、生産関係、社会的分業等）の観点から、共同体の生成と解体について理論化している。そして近代資本主義が、独立した中間的生産者層を中核とした市民社会を基盤に成立したことを強調している。

近代資本主義において初めて、良心の自由、市場経済、法の支配、民主主義が成立し、われわれはそうした歴史的発展の成果の上に暮らしている。資本主義が行き詰まっているからといって、いまさら原始共産制の共同体に戻ることはできない。

市民社会と文明を基盤に、二一世紀型の共同体をどう創っていくか。この課題をミレニアル世代が担い、苦心し、そして彼らの子供たちがその果実を芸術文化の領域で花開かせる。私は日本の将来に対して、世界に対して、そうした希望を持っている。

最後に、本書の出版を引き受けてくださったビジネス社の唐津隆社長、ご協力をいただいた加藤鉱氏に、またお二人とのご縁をつくってくださった船井本社の船井勝仁社長に心より感謝申し上げる次第である。

平成二八年一〇月二一日

大井幸子

著者略歴

大井幸子（おおい・さちこ）

国際金融アナリスト。株式会社SAIL代表取締役社長。文教大学国際学部非常勤講師、武蔵野大学政治経済研究所客員研究員、同大学非常勤講師。1989年ムーディーズ社（ニューヨーク）に入社しストラクチャード・ファイナンス部アナリストを務める。リーマンブラザーズ、キダーピーボディ（ニューヨーク本社）債券リサーチ、営業を経て、2001年ニューヨークでSAIL LLCを設立、オルタナティブ投資情報コンサルティングに従事。2007年UBPインベストメンツ・ジャパン営業戦略担当取締役、2009年株式会社SAILを東京にて再開。2014年9月投資助言業登録。戦略的ポートフォリオ・コンサルタントとして投資運用の最前線に立ち、資産保全に尽力する。2014年3月より「日刊工業新聞」に毎週金曜日、コラム「国際金融市場を読む」を好評連載中。『この国を縛り続ける金融・戦争・契約の正体』（共著、ビジネス社）、『ヘッジファンドで拡大する私募金融市場』『ヘッジファンドで増やす時代』（東洋経済新報社）、『ウォール街のマネー・エリートたち』（日本経済新聞社）、『お金の正しい守り方』（日本経済新聞出版社）など著書多数。日本金融学会会員、日本年金学会会員。

株式会社SAIL　www.sailnyc.info

グローバルストリーム（GS）ニュース配信中　http://www.globalstream-news.com

有料購読：「じぶんちポートフォリオ」、「先読みヘッジファンド・ニュースレター」

編集協力／加藤鉱

円消滅！～第二の金融敗戦で日本は生き残れない

2016年11月25日　第1刷発行

著　者　　大井 幸子

発行人　　唐津 隆

発行所　　株式会社ビジネス社

〒162-0805　東京都新宿区矢来町114番地　神楽坂高橋ビル5階
電話　03(5227)1602（代表）
FAX　03(5227)1603
http://www.business-sha.co.jp

印刷・製本　株式会社光邦
カバーデザイン　中村聡
本文組版　茂呂田剛（エムアンドケイ）
編集担当　本田朋子
営業担当　山口健志

ISBN978-4-8284-1922-0

ビジネス社の本

1ドル65円、日経平均9000円時代の到来

2020年までの大波乱を乗り越える投資戦略

江守 哲……著

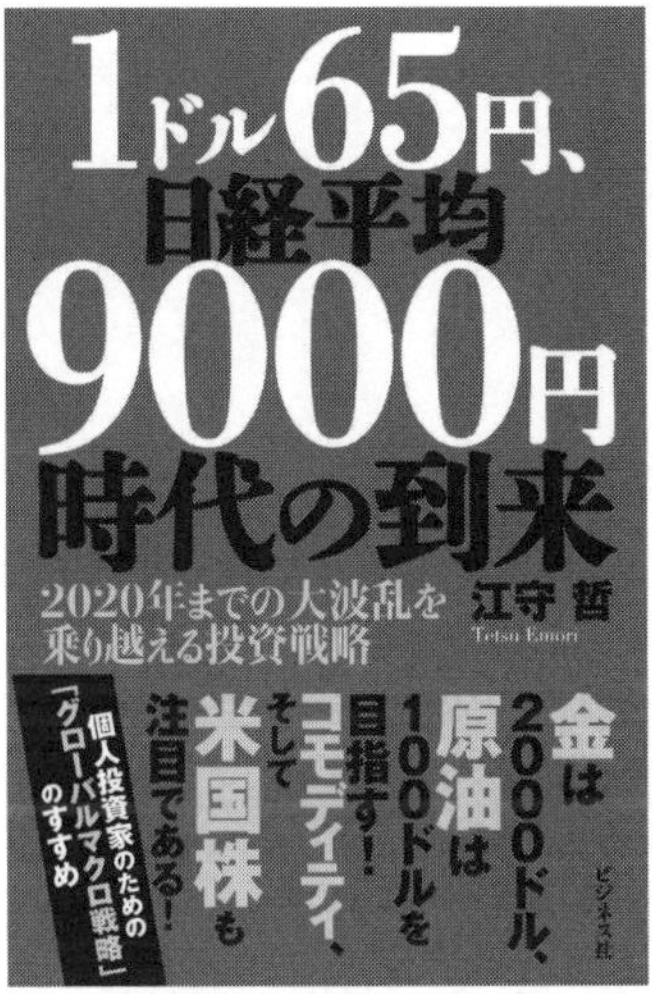

定価 本体1500円＋税
ISBN978-4-8284-1916-9

金は2000ドル、原油は100ドルを目指す！コモディティ、そして米国株も注目である。著名アナリストの円安株高予想はなぜ外れたのか。マーケット動向、世界経済の見通し、投資戦略について解説する。

本書の内容